KB209119

이상덕 선교사의
황금 신발을 신어라!

이 도서의 국립중앙도서관 출판예정도서목록(CIP)은 서지정보유통·지원시스템
홈페이지(http://seoji.nl.go.kr)와 국가자료종합목록 구축시스템(http://kolis-net.nl.go.kr)에서
이용하실 수 있습니다. (CIP제어번호 : CIP2020006297)

이상덕 선교사의

황금 신발을 신어라!

저자/ 이상덕
북 디렉터/ 김용섭
펴낸이/ 황영순
펴낸곳/ 사회문화사
초판 1쇄 발행/ 2020년 2월 20일
출판등록/ 301-2009-100
주소/ 서울시 중구 충무2길 32-6
전화/ 02-2278- 2083 팩스/02-2271- 2082
홈페이지/ wtmfkoreaph@yahoo.com

ⓒ 이상덕, 2020
ISBN 979-11-968368-3-2 03230

• 무단 전재와 무단복제를 금합니다.
• 잘못된 책은 구입하신 곳에서 바꾸어 드립니다.

황금 신발을 신어라!

이상덕 지음

시작하는 말

　필자는 '상덕아 내 계명을 지켜라' 제1권에 이어, '이상덕 선교사의 성령의 발차기' 제2권, 그리고 '이상덕 선교사의 황금 신발을 신어라' 제3권이 시리즈이다.

　필자가 하나님의 계명을 지켰더니, 그 다음은 하나님 안에서 나의 발차기가 아닌 '성령의 발차기'를 하게되었고, 성령의 발차기를 하는 필자에게 하나님께서는 '황금 신발'을 신겨주신 것이다.

　이렇게 하나님께서는 평생에 나를 세단계로 인도하신 것이다. 필자는 이 책에서 다양한 신발에 대하여 검토할 것이고, 하나님 말씀인 성경에 나타난 '신발'에 대하여 살펴보면서, 하나님께서 필자에게 신겨준 '황금 신발'에 대하여 추적해 보려고 한다.

　독자들도 지금 자신이 '어떤 신발'을 신고 있나 확인해 볼 필요가 있다. 필자가 말하는 것은 '세상의 신발'을 의미하는 것이 아니요, 신앙 안에서 '영적 신발'을 의미한다.

이 책에서의 '신발'에 대한 주제는, 다시금 영적인 신앙 안에서 자신을 점검할 수 있으며, '정말 그럴 수도 있겠구나!' 라는 생각을 가지게 될 것이다.

어떤 사람은 '한마디' 말하면 '백마디' 를 깨닫는 사람이 있고, 어떤 사람은 '백마디' 말해도 한마디도 깨닫지 못하는 사람이 있다.

지혜 있는 자들아 내 말을 들으며 지식 있는 자들아 내게 귀를 기울이라 (욥34:2).

이 책을 읽는 독자들마다 전도나 선교를 많이하셔서, 하나님께로부터 받게되는 '평안의 복음이 준비한 신' 을 신고 주님 앞에서기를 바랍니다. 그러면 주님은 수고한 우리에게 '황금 신발' 로 보답할 것이다.

필리핀 메트로 마닐라 이상덕 선교사

2020년 2월 15일

목 차

01장

신발에 대하여

아담과 하와의 사랑의 신발

신발은 아담과 하와가 에덴동산을 쫓겨나와 거치른 세상에 살아가면서부터 '신발이 필요하지 않았겠나' 라는 생각이 든다. 아담과 하와가 거닐던 에덴 동산은 옷을 입지 않아도 춥지도 덥지도 않았고 태양도 뜨겁지 않았으며 비바람도 없어 옷을 입지 않아도 춥지 않았으며 태풍도 돌풍도 없었다. 그곳은 에덴동산 즉 완벽하게 하나님이 지으신 곳이었다.

비록 아담과 하와가 맨발로 다니더라도 발바닥을 찔리게 하거나 다치게 하는 돌뿌리도 없었다. 아담과 하와와 짐승들이 살기에는 완벽한 나라였다. 그러나 아담과 하와가 하나님의 명령을 저버리고 에덴동산을 떠날때에는 하나님께서 그 삭막한 세상, 거치른 세상을 살것을 생각해 '양의 가죽' 으로 만든 옷을 한벌씩 지어주셨다.

그것은 사랑하는 아담과 하와에게 마지막으로 해줄 수 있는 선물이었다. 그러나 하나님이 신발은 만들어 주었다고 성경의 기록은 없다. 이것은 아담과 하와의 분량이었을 것이다. 아담과 하와가 동산 밖으로 나오자 마자, 아담과 하와의 부드러웠던 발은 나무뿌리에 상처가 나기도 하고, 걸을 때 땅에서 삐져나온 돌뿌리로 얼마를 걷지 못하자, '어 걷기가 힘드네, 어떻게해야하나?' 그래서 신발을 만들었을 것이다.

'하나님께서 양의 가죽으로 옷을 만들어 주셨으니, 우리도 양의 가죽으로 신발을 만들어 신자. 우리 아들 가인과 아벨에게도 신발을 만들어 주어야지'

아담과 하와가 에덴 동산을 쫓겨나자 마자, 인류는 옷을 입게되었고 역시 신발도 신기 시작했다. 맨발로는 결코 걸을 수 없는 에덴동산 밖의 땅이었기 때문이다. 인류의 초기에는 동물의 가죽 특히 '양 가죽'으로 많은 사람들이 신발을 만들었을 것이다. 시간이 흐르면서 모양새는 다양해졌을 것이고, 그리고 수천년이 지나도록 신발은 '가죽으로 만드는 것'이라고 생각을 했을 것이다.

하나님께서 양의 가죽으로 옷을, 아담과 하와에게 선물한 것은 '어린양 예수 되시는 예수님의 희생의 모습을 상징적'으로 보여주는 것이라 생각할 수 있다. 이것을 아담과 하와가 알던 모르던 하나님께서는 행하셨던 것이다. 아담과 하와는 '양의 가죽' 옷을 보면서 '양의 가죽 신발'을 만들어 신었을 것이다.

즉 그 신발은 하나님의 사랑의 신발인 것이다. 그 명맥은 오늘에까지 이르고 있다.

신발의 역사

    우리의 조상 아담과 하와로부터 신발의 역사는 시작되었고, 또한 로마시대에는 금과 보석으로 치장한 신발들이 선을 보이기도 했다. 신발은 인류의 태초를 거쳐, 중세, 현대에 이르기까지 각 나라의 기후와 환경에 따라 변화를 가져왔다. 열대지방이라면 가죽신이 필요없고 나뭇잎이나 풀뿌리 등으로 엮어 신을 만들었을 것이고 사는 곳이 '알라스카' 같은 곳이라면 그 추위에 발을 보호하기 위한 가죽 신들이, 세월을 지나면서 수없이 변화를 모색했을 것이다.

    신발은 인류가 처해있는 환경과 무관하지 않았다. 그러

나 신발만드는 기술이 발달되지 않았던 시대에는 장인들이 오직 최선을 다해서 만들었을 것이다.

우리나라에서는 기원전 7세기경에 청동단추로 장식된 가죽으로 만든 장화가 고조선의 무덤에서 발견되었고 부여국에 대한 문헌에는 가죽과 나무짚을 이용해 신발을 만들었다고 한다. 즉 그 시대에 생활 상과 무관하지 않는 것이다. 짐승의 가죽과 짚을 쉽게 구할 수 있었기 때문이다.

그리고 신발은 초기에는 사람의 발을 보호하기위한 목적으로 만들어졌지만 나중에는 신발로 그 사람의 지위와 신분을 나타내주는 것으로 사용되기도 했다. 즉 그 사람이 신는 신발을 보고 '어느 정도'는 신분을 알 수 있었던 것이다. 만약에 가죽 신발에 보석이 박히고 정금이 수 놓아졌다면 이 사람의 신분은 최상위 신분일 것이다. 결코 최상위 신분을 가진 자가 '짚신'을 신거나 '나무뿌리 또는 풀뿌리'로 만든 신을 신지는 않았을 것이다. 즉 신발로 신분이 판가름 났던 것이다.

고구려 시대에는 말이 속도를 내도 발이 발걸이에 빠지

지 않고 적을 발로 찰 수 있도록 신발에 못을 박은 '못신'을 신기도 했다.

　조선시대에는 신발의 종류가 차츰 많아지기 시작했다. 양반집 여자들은 가죽과 비단으로 만든 신을 신었고 양반이 관복을 입을 때, 목화나 흑혜, 편한 옷에는 '태사혜'를 신었다. 그리고 평민은 짚신이 보통이고 비오는 날에는 나막신을 신었다. 그리고 이 시대에는 남자인 경우 6품 이상의 고위 관료만 가죽신을 신었었던 것이다. 즉 돈이 있어도 신분이 높지 않으면 짚신만 신을 수 있었다. 그래서 평민들은 꿈에서라도 가죽신을 신기를 소망했던 것이다.

　그런데 근대에 들어와서 신분제가 붕괴되면서 돈만 있으면 가죽신을 살수가 있었다. 1910년도 '매일신보'의 광고가 '비단구두' 한켤레 값이 '쌀 한가마니'였다. 신발 만드는 기간은 보름이었다. 장인의 깊은 솜씨가 없으면 안되는 것이었다. 그것은 우리들의 노랫말에도 나올 정도였다.

　특별히 우리나라에 고무신이 보급되기 시작한 것은 1910년 대 중반부터라고 말을 하고 있다. 그 전시대에는 짚신을 가장 많이 신고다녔다. 나중에는 비단신 모양의 고무신이 나오면서 온 나라는 고무신 열풍에 휩싸이게 되었다. 1930년대에 이르러 비단신과 나막신은 종지부를 찍었다.

일제 강점기 기간중에 고무신의 수요는 급증했고 해방 이후에도 여전했으며 1960년대 말까지 호황을 누렸으나 1969년 우리나라에 운동화가 만들어지기 시작했다. 이것으로 인해 이제는 고무신도 역사의 뒤안길로 사라지게 되었다. 그러나 아직도 찾는 사람이 있어서 만들어 내고 있으며, 어떤 유명한 신발회사는 '고무'를 소재로 신발을 판매하기도 한다. 그리고 필리핀에서도 고무로 만든 신발을 많이 볼 수가 있다.

이렇게 대충 살펴보았는데 '가죽 신발'은 인류의 시작부터 지금까지 지속되어왔고, '비단 가죽' 신발도 수백년 이상 그리고 서민들이 신는 '짚신'도 수백년 이상을 신어왔다. 그리고 고무신은 수 십년을 우리 곁을 떠나지 않았고, 아직도 마음만 먹으면 구할 수 있는 신발이고, 필자와 비슷한 연대를 살아가는 동시대의 사람들은 고무신에 대한 여러가지 추억들이 한 두개씩은 있을 것이다.

그리고 나의 시대에는 고무신 시대를 지나, 운동화의 시대로 접어들었고 운동화는 계속 발전을 거듭하여 다양한 신발도 개발되었다. 그 종류는 헤아릴 수 없다. 지금 시대는 운동화의 시대라해도 과언이 아니다. 공항을 가봐도 예전 시대에 신분의 상승을 보여주던 가죽으로된 신발이 거의 보이지 않고 자신에게 편한 운동화로 거의 활보하는 모습을 볼 수 있다.

필리핀에는 아직도 많은 서민들이 저렴한 고무 슬리퍼를 신고 다니는 모습을 볼 수도 있다. 이들이 운동화를 싫어해서 안 신는 것이 아니고 아직 경제적 여유가 없기 때문에 그런 것이다. 이 나라도 조금만 경제적으로 좋아지면 자기가 편한 신발로 바꾸어 신게 될 것이다. 하나님께서 빠른 시일 안에 경제적 회복과 교회의 발전을 주실 것을 믿는 바이다.

군인의 신발들

　우리나라는 육군, 공군, 해군, 해병대, 그리고 장교와 사병에 따라 그 신발이 다양하다. 즉 신발은 그 부대의 성격에 따라 달라진다. 내가 사관생도와 장교시절에 신었던 여러종류의 신발이 있었지만 지금은 더 세분화가 되지 않았을까 생각을 한다.

　특별히 생도시절에 군화(전투화)가 있었다. 아마 생도나 사병이나 장교나 이 신발은 최고로 중요한 신발이라 생각을 한다. 이 신발이 없으면 적과 더불어 싸울수 없기 때문이다. 어느나라나 군화(전투화)는 군복과 더불어 중요한 품목이다. 군사가 전쟁을 하는데 맨발이나 실내화 또는 운동화를 신고 싸움에 임한다면 패배를 가져올 것이다. 그래서 세계 1차대전, 2차 대전을 겪으면서 각나라의 전투화는 계속 발전에 발전을 거듭했던 것이다.

내가 군에 머물때 육군 사병들은 군화(전투화)와 작업화가 있었다. 이 작업화는 사병들이 평상시에 신고다니는데 주로 이것을 신고 생활을 했다. 그러나 생도에게는 단화(구두)가 있었다. 이것은 정복에 신는 신발이다. 아무래도 사병들의 신발보다는 좀더 다양했다. 물론 지금은 오랜시간이 지났고, 전쟁이 아니라면 누구나 신기에 편한 운동화도 도입되었을 것이다.

그러나 군인에게 있어서 제일 중요한 것은 군화(전투화)이다. 왜냐하면 적군과 싸워승리하려면 오랜시간 전투해도 발이 편하고, 발을 보호해 주며 외부의 어떤 조건에도 견딜 수 있는 신발이어야 하기 때문이다.

천마총의 황금 신발의 주인

찬마총의 발굴은 1973년 4월 6일부터 12월 4일까지 진행이 되었다. 신라 천년의 세월 속으로 들어가는 것이었다. 천마총(155호 고분)에서는 놀라운 신라시대의 유물이 쏟아져 나왔다. 봉분의 높이는 12.7미터, 봉분의 지름은 47미터나 된다.

여기서 신라금관 중에서 가장 큰 금관이었고, 둥근 고리장식의 자루가 붙은 칼을차고 팔목에 금팔찌, 은팔지 각 1쌍, 손가락마다 금반지를 꼈다. 그리고 금제 허리띠를 찼던 것이다. 그런데 더욱 놀라운 것은 그의 신발은 황금이었다. 즉 황금 신발이었던 것이다. 이것은 신라시대의 지

증왕으로 추적하고 있다.

이 고분의 주인공은 신라최고의 고위층이며 왕이었을 것이다. 그의 권력이 황금으로 뒤덮힌 몸의 구성물을 보고 알수있다. 또한 황금신발은 천오백년의 세월 속에서도 그 무덤안을 환하게 비추어주고 있었다.

백제의 황금 신발

신발은 사람이 생존해 있는동안 사람의 발에 부착하여 움직이는 것이기에 과거나 현재를 막론하고 귀중히 여겼던 것이다. 그런데 신라의 사람들을 비롯하여 과거의 사람들은 현세의 부귀와 영화를 내세에서도 누린다고 생각했기에 그 비싸고 좋은 황금 부장품들을 무덤 속으로 가득싣고 떠났다. 그러나 내세에 금덩이를 가지고 간 사람은 하나도 없으며 백년, 이백년, 혹은 천년, 천오백년이 지나면서 도굴꾼에게 무덤은 파헤쳐지고 금은 보석을 훔쳐갔던 것이다. 그리고 다행이 도굴꾼의 손이타지 않는 유물들은 오늘날에도 발굴이 되어 많은 사람들이 역사적 교훈을 얻게 된다.

신라의 무덤들에서 확인되는 황금 신발은 대략 27켤레 정도된다. 황남대총, 천마총, 금관총, 서봉총, 금령총, 식리총과 같은 곳에서도 출토되었지만 경주 주변지역에서도 발견되었다.

그런데 황금 신발은 신라시대에만 있었던 것은 아니고 그 전시대에도 있었다.

"금동 신발은 금동관모, 장식대도 등과 더불어 당시 최고의 위세품이다, 백제의 금동 신발은 수도가 아닌 원주와 서산, 공주, 익산, 나주, 고흥 등 전국 각지에 매우 넓게 분산된 형태로 출토되었다. 또한 이 지역은 강대한 마한세력이 잔존했던 곳으로, 금동 신발의 주인은 중앙에서 파견된 지방관이 아닌 지방 토착세력일 가능성이 크다. 즉 금동 신발은 백제가 지방으로 영토를 확장한 후 지방 지배과정에서 하사한 위세품일 가능성이 크다."

위의 글은, 우리 나라 백제 문화단지 안의 한켠에 황금 신발 3켤레가 있고, 그 위에 신발에 대한 안내서의 내용이다.

즉 시대를 막론하고 '황금 신발'을 신은 사람들은 보통 인물이 아니고 당시의 최고의 권력자층이었을 것이라고 생각을 한다. 오늘날 누군가가 '황금 신발'을 신고다닌다면 또 죽을 때 '황금 신발을 무덤 속에 매장하고 죽었다'는 소문이 있다면 아마 도굴을 위하여 평생을 몸바칠 도둑이 많을 것이다. 예전에도 황금은 귀했고 오늘날도 황금은 귀한 것이다.

필자가 황금 신발에 관한 이야기를 많이했다. 이유는 이 책의 제목이 "이상덕 선교사의 황금 신발을 신어라"이기 때문이다. 필자는 신발이야기를 이 책의 마지막 부분까지 할 것이다. 끝까지 읽는다면 아주 좋은 일들이 우리 삶에 나타날 것을 확신한다.

내가 신은 황금 신발

내가 주님을 개인의 구주로 영접하고 복음전도를 시작한 해로부터 34년째되는 어느날 "나의 혼"이 빠져나와 환상중에 나를 보게되었다. 그 때 내가 신은 신발을 보았는데 금빛으로 빛나는 '황금 신발'이었다. 그 환상은 내가 일부러 볼려고 해서 본 것이 아니고 하나님께서 내게 보여주셨기에 볼 수 있었던 것이다. 즉 나로부터 만들어진 것이 아닌, 하나님께로부터 온 '환상' 다시말하면 하나님의 계시였다.

그 '황금 신발'은 나의 생애를 붙잡고 있고, 계속 생각하게 하고 있다. 이번에 내게주신 비젼인 '황금 신발'을 생각하면서 깊은 묵상 가운데 성경속으로 들어가볼까 한다. 우리는 신발이 없으면 문 밖에 한걸음도 나갈 수 없을 것이다. 즉 하나님께서 나에게 주신 '황금 신발'의 의미 또한 작지 않을 것이며 독자들도 흥미를 가지고, 자신이 지금 신고 있는 '영적 신발'을 분석해 보기를 바란다.

모든 것은 하나님께로부터 왔으며, 세상에 그냥 저절로 된 것은 없다. 하나님의 뜻과 섭리로 오늘에 이르게된 것이다. 우리가 하나님의 뜻과 섭리를 알고 또 그분의 뜻대로 생을 살아간다면 이보다 기쁘고 행복한 것은 없을 것이다.

그런즉 서서 진리로 허리 띠를 띠고 의의 호심경을 붙이고 평안의 복음이 준비한 것으로 신을 신고 모든 것 위에 믿음의 방패를 가지고 이로써 능히 악한 자의 모든 불화살을 소멸하고(엡6:14-16).

02장

황금에 대하여

황금이란

황금의 사전적의미는 첫째는 '누런 빛의 금' 이라는 뜻
이고, 금을 다른 금속과 구별하여 이르는 말이다. 둘째는
돈이나 재물을 비유적으로 이르는 말이며, 세번째로는 귀
중하고 가치가 있는 것을 비유적으로 이르는 말이다.

금은 24k, 18k, 14k 가 있다. 그런데 여기서 24k라는 것
은 99.9%나 99.5%를 의미하는 '순금' 을 의미한다. 그리고
18k의 함량은 75%, 14K의 함량은 58.5%이다.

그리고 성경에 기록된 '순금, 정금' 등은 백프로의 황금
을 의미하는 것이다. 어떤 것도 섞이지 않는 금을 말한다.

그래야 '온전한 믿음, 순수한 믿음' 으로 상징을 할때 부족함이 없기 때문이다.

그러나 내가 가는 길을 그가 아시나니 그가 나를 단련하신 후에는 내가 순금 같이 되어 나오리라(욥23:10).

황금의 역사와 성경적 교훈

철이나 주석 같은 것은 공기중에 오래 노출되면 산화되어 녹슬어 버리는데 황금은 천년, 또는 천 오백년의 세월이 흘러도 변치 않는다. 이것을 고대의 사람도 알았던 것이다. 그래서 오랜세월이 지나도 변치 않는 금으로 고대 국가에서도 동전을 만들어 화폐로도 사용했다. 그런 유물들이 많이 발견되고 있다.

즉 금은 금속 중에 왕이며, 문명이 시작되면서 부터 시작된 것이고 구약성경은 지금으로부터 3-4천년전에 기록이 되었는데 구약성경 안에 수많은 구절에서 금에 대한기록이 나온다.

욥기 23장 10절에 "그러나 내가 가는 길을 그가 아시나니 그가 나를 단련하신 후에는 내가 순금 같이 되어 나오리라"라고 말씀하고 있다. 욥은 지금은 고난을 당하나 이 훈련이 지난 후에는 자신은 '순금' 같은 신앙인이 될 것을 말하고 있다.

수 천년전의 사람인 욥이 어떻게 '순금'을 알았을까? 다시말해 당시에도 '순금'은 통용되고 있었고 '황금의 빛으로 변치않는 귀금속'이었던 것이다. 그것을 시작으로 해 성경에서는 변치 않는 믿음, 진실한 믿음을 상징을 할 때 '순금이나 정금'으로 표현을 하고 있다. 우리의 믿음은 순금같이 온전한 신앙이 되어야 하며 결코 다른 불순물이 섞여서는 안된다. 그래서 성경은 우리의 믿음 등을 표현할 때 '순금'이라고 표현하는 것이다.

고대국가에서는 황금으로 화폐로 만들어 통용했고, 그것을 귀중히 여겼고 다른 한편으로는 죄악을 저질르는데 사용되기도 했다. 출애굽기 32장에 보면 모세가 시내산에 기도하러 갔는데 돌아오지 않았다. 그랬더니 모세의 형 아론을 협박하여 '금송아지'를 만들어 숭배할 것을 요구했다. 만약에 그 요구를 들어주지 않으면 생명의 위태함을 느낀 아론은 만들 수밖에 없었다.

백성이 모세가 산에서 내려옴이 더딤을 보고 모여 백성이 아론에게이르러 말하되 일어나라 우리를 위하여 우리를 인도할 신을 만들라 이 모세 곧 우리를 애굽 땅에서 인도하여 낸 사람은 어찌 되었는지 알지 못함이니라 아론이 그들에게 이르되 너희 아내와 자녀의 귀에서 금 고리를 빼어 내게 가져오라 모든 백성이 그 귀에서 금 고리를 빼어 아론에게 가져가매 아론이 그들의 손에서 금고리를 받아 부어서 조각칼로 새겨 송아지를 만드니 그들이 말하되 이스라엘아 이는 너희를 애굽 땅에서 인도하여 낸 너희의 신이로다 하는지라(출 32:1-4).

위의 성경말씀을 보니 이미 수천년전에도 이스라엘 백성의 성인여자와 자녀들이 귀에 '금고리'를 하고 있었다는 말을 하고 있다. 즉 당시에도 부녀자들이 금고리를 귀에 걸었다는 것이 증명이 되었고 만약에 흔한 귀금속이었다면 중요치 않게 생각하여 귀고리를 하지 않았을 것이다. 그러니 당시에도 금은 귀중히 사용되었다고 보며, 또 '금송아지' 신을 만들었다. 그 백성들이 금이 소중하다는 것을 알았기에 금으로 송아지를 만들었던 것이다.

하나님이 인류에게 주신 귀중한 '황금'을 이스라엘 백성은 자신들을 위하여 이방민족이 섬기던 '신'을 만들었으니 하나님의 진노는 극에 달했고 곧 이어 모세는 하나님의 음성을 듣게되었다. "내가 이 백성을 보니 목이 뻣뻣한 백성이로다 그런즉 내가 하는 대로 두라 내가 그들에게 진노하여 그들을 진멸하고 너를 큰 나라가 되게 하리라" 그러나 모세의 간절한 요청으로 다 멸망하지 않고, 여호와 편에 서지 않았던 3천명이 칼에 맞아 죽게 되었다. 즉 하나님의 진노였다.

황금은 두 가지로 사용되는데 그것은 오늘날에도 적용이 된다. 하나님이 주신 정금을 주님을 위하여 사용되면 많은 영혼을 구원하는 물질로 사용될 수 있다. 그리고 정금은 귀한 물질로 표현될 수도 있고 또 이 금(물질)을 이스라엘 백성처럼 황금 송아지를 모셔놓고, 하나님의 뜻과 섭리대로 사용하지 않는다면 황금송아지가 불에타고 없어질 때 3천명이 죽은것과 같은 결과를 가져올 것이다.

우리에게 있는 황금을 주를 위해 전부 드릴때, 황금같은 신앙을 소유하게 되는 것이다. 결코 내 안에 황금(물질)

을 소유하고 있는 한, 결코 예수의 제자가 될 수 없다. 부자 청년이 재물 때문에 예수의 제자가 되지 못하고 굳은 얼굴로 자기 고향으로 돌아갔다. 천하를 얻고도 자기 생명을 구원하지 못하면 이보다 불쌍한 사람이 어디 있겠는가?

황금같은 신앙은 내 소유가 없는자에게 특별히 주시는 것이며, 세상의 황금을 버릴 때에만 하늘의 황금면류관을 쓸 자격이 있다. 자기 것에 부들 부들 떠는 자, 결코 하늘의 황금보석 꾸민 집에 갈 수가 없다. 이런 자에게는 결코 하늘의 문이 열리지 않는다.

예수께서 그를 보시고 사랑하사 이르시되 네게 아직도 한 가지 부족한 것이 있으니 가서 네게 있는 것을 다 팔아 가난한 자들에게 주라 그리하면 하늘에서 보화가 네게 있으리라 그리고 와서 나를 따르라 하시니 그 사람은 재물이 많은 고로 이 말씀으로 인하여 슬픈 기색을 띠고 근심하며 가니라 예수께서 둘러보시고 제자들에게 이르시 되 재물이 있는 자는 하나님의 나라에 들어가기가 심히 어렵도다 하시니(막10:21-23)

황금의 성경적 정의

요한계시록 3장 18절에 "내가 너를 권하노니 내게서 불로 연단한 금을 사서 부요하게 하고 흰 옷을 사서 입어 벌거벗은 수치를 보이지 않게하고 안약을 사서 눈에 발라 보게 하라"고 말씀하고 있다. 여기서 등장하는 '연단한 금'은 '믿음'을 의미하는 것이다. 금은 단순한 불속에서 만들어지는 것이 아니고, 금이 녹는 온도는 1063도이다. 그러니 순금반지를 하나만든다고 해도 천도이상의 불을 통과해야만 된다. 이 불을 통과해야하는 것은 순도 높은 정금으로 만들려면 이런 과정이 필수이다.

즉 100%의 황금은 100%의 믿음을 상징하는 것이다.

정금에는 다른 것이 첨가된 것이 아닌 것처럼 우리의 믿음에 있어서도 다른 것이 첨가되지 않는 100%의 순수한 믿음이어야 할 것이다. 그런데 이 믿음은 우리의 행위로 완성되는 것이 아닌, 하나님으로부터 주어져야만 가능한 것이다. 지금까지 인류가 시작되면서 100%의 '자기 믿음'을 소유한 자는 단 한명도 없었다. 그러나 하나님으로부터 오는 '온전한 믿음'을 소유한자는 많이 있었다.

마가복음 11장 22절에서 23절에 "예수께서 그들에게 대답하여 이르시되 하나님을 믿으라 내가 진실로 너희에게 이르노니 누구든지 이 산더러 들리어 바다에 던져지라 하며 그 말하는 것이 이루어질 줄 믿고 마음에 의심하지 아니하면 그대로 되리라"고 말씀하고 있다.

그리고 아브라함의 믿음에 대해서, 로마서 4장 18절에서 24절에 "아브라함이 바랄 수 없는 중에 바라고 믿었으니 이는 네 후손이 이같으리라 하신 말씀대로 많은 민족의 조상이 되게 하려 하심이라 그가 백 세나 되어 자기 몸이 죽은 것 같고 사라의 태가 죽은 것 같음을 알고도 믿음이 약하여지지 아니하고 믿음이 없어 하나님의 약속을 의심하지 않고 믿음으로 견고하여져서 하나님께 영광을 돌리며 약속하신 그것을 또한 능히 이루실 줄을 확신하였으니 그러므로 그것이 그에게 의로 여겨졌느라 그에게 의로 여겨졌다 기록된 것은 아브라함만 위한 것이 아니요 의로 여기심을 받을 우리도 위함이니 곧 예수 우리 주를 죽은 자 가운데서 살리신 이를 믿는 자니라"고 말씀하고 있다.

그리고 더욱 아브라함에게서 황금 같은 믿음을 하나 더 살펴보면 히브리서 11장 19절에 "그가 하나님이 능히 이삭을 죽은자 가운데서 다시 살리실 줄로 생각한지라 비유컨데 그를 죽은 자 가운데서 도로 받은 것이니라"고 말씀하고 있다. 즉 아브라함은 믿음의 조상으로도 부족함이 없다고 본다. 그러나 이 황금같은 믿음은 자기의 것이 아니고 하나님이 아브라함에게 허락된 믿음, 다시말해 '하나님의 믿음' 이었다.

황금 신발의 정의

　필자가 하나님의 주신 환상 속에, 내가 '황금 신발'을 신고 있는 모습을 보게된 후에 계속 '황금 신발'의 의미를 생각하게 되었다. 나름대로의 해석은 '내가 하나님의 계명을 지키고 선교사로 나왔고, 또 다음은 하나님께서 성령의 발차기를 하셔서 태권도 사역을 감당했으며, 그 다음으로 복음을 전하는 나에게 황금 신발을 신겨주신 것이다' 라고 생각을 한 것이다.

　이 책에서 말하는 '황금 신발'은 비유적 해석이다. 그러니 독자들은 너무 깊은 의미를 두지말고 편안함 마음으로 읽으시면 좋을 것이다. 성경에는 수많은 구절들에서 금에 대한 이야기가 쏟아져 나오고 있다. 그리고 우리가 돌아갈 천국본향에 있는 '길'은 우리가 세상에서 밟고 있는 흙이나 시멘트 길이 아니다.

요한계시록 21장 21절에 "그 열두 문은 열두 진주니 각 문마다 한 개의 진주로 되어 있고 성의 길은 맑은 유리 같은 정금이더라"고 말씀하고 있다.

천국의 길바닥이 '정금'이라는 것이다. 그리고 천국 본향은 세상에서는 부자 아니면 사용할 수 없는 황금, 보석을 재료로 하여 만들어 졌다. 이것은 필자의 말이 아닌 하나님의 말씀, 성경에 근거한 것이다.

필자는 하나님의 말씀을 토대로, 황금 신발에 대하여 써내려 가려고 한다. 앞에서도 언급했지만 황금은 믿음을 상징하기도 하지만, 황금 신발은 복음의 신발, 전도의 신발, 선교사의 신발로도 상징하고 또 분류할 수 있다. 이 책은 학문적인 책이 아니고 '영적진보'를 위한 책이기 때문에 학술적으로 사용하는 분이 없기를 바라며, 이 '황금 신발'로 은혜 많이받으시고 독자들도 '황금신발'을 신고 주님 재림하시기 전까지 황금 신발이 다 해지도록 복음 전하면 분명 하나님은 영원히 닳지 않는 신발로 보상하실 것이다.

사십 년 동안 들에서 기르시되 부족함이 없게 하시므로 그 옷이 해어지지 아니하였고 발이 부르트지 아니하였사오며(느9:21).

03장

구약성경에 나타난 황금 이야기

아브라함과 이삭의 금 이야기

믿음의 조상 아브라함이 나이가 많이 들었고, 아들 이삭을 위하여 결혼을 시켜야 할 때가 이르렀다. 그래서 아브라함은 '종'에게 명령과 맹세를 하게 한다.

"내 고향 내 족속에게로 가서 내 아들 이삭을 위하여 아내를 택하라!"

그래서 아브라함의 종은 낙타 열 마리를 끌고, 메소포다미아 나홀의 성에 이르렀다. 종은 기도를 한다.

"우리 주인 아브라함의 하나님 여호와여 원하건대 오늘

나에게 순조롭게 만나게 하사 내 주인 아브라함에게 은혜를 베푸시옵소서 성 중 사람의 딸들이 물 길으러 나오겠사오니 내가 우물 곁에 서 있다가 한 소녀에게 이르기를 청하건데 너는 물동이를 기울여 나로 마시게 하라 하리니 그의 대답이 마시라 내가 당신의 낙타에게도 마시게 하리라 하면 그는 주께서 주의 종 이삭을 위하여 정하신 자라 이로 말미암아 주께서 내 주인에게 은혜 베푸심을 내가 알겠나이다"

기도를 마치자 바로 어떤 아름다운 아가씨가 나타났는데 종이 기도한대로의 상대가 나타난 것이다. 종은, 주인 아브라함과 이삭을 위하여 순탄한 길로 인도하심에 대해서 하나님께 감사를 했다.

아브라함의 종은, 앞에 서있는 리브가가 자기 주인 이삭의 아내가 될 것을 확신하고 그녀에게 반 세겔 무게의 금 코거리 한개와 열 세겔 무게의 금 손목고리 한 쌍을 주었다(창24:22). 여기에 '금 코걸이' 가 나오는데 우리는 근래에 유행이라고 생각할 수 있는데 이미 수천년전의 중동지방에서의 생활 풍습을 엿볼 수가 있다. 그리고 아브라함의 종이 리브가에게 준 선물은 오늘날에도 가치있고 귀중하게 생각하는 금으로 했다.

오늘날이나 수천년전에도 금은 혼수용품에 사용되었음을 알게되었다. 이제 리브가의 집으로 돌아온 아브라함의 종은 라반과 브두엘에게 소상히 이야기를 한다. 그리고 결혼 승낙을 받아내었다. 그리고 창세기 24장 53절에 "은금 패물과 의복을 꺼내어 리브가에게 주고 그의 오라버니와 어머니에게도 보물을 주니라"고 말씀하고 있다.

당시에 돈도 있겠으나 그보다 부피가 덜나가고 가치있는 '은금 패물'을 사용했다. 즉 부자는 변치않는 금과 은을 많이 소유한 자였다. 아브라함의 종이 라반과 브두엘에게 말할 때, 자기 주인 아브라함의 형편을 이렇게 말하고 있다. "여호와께서 나의 주인에게 크게 복을 주시어 창성하게 하시되 소와 양과 은금과 종들과 낙타와 나귀를 그에게 주셨고"(창24:35)

즉 아브라함은 영적으로 믿음의 조상도 되지만 금과 은이 풍부한 부자였다. 그런데 종을 통하여 놀라운 사실을 하나 깨달을 수 있는데 아브라함이 부자가 되었던 것은 "여호와께서 나의 주인에게 크게 복을 주시었다"고 말하고 있다. 즉 아브라함과 이삭의 부는 '자신들이 장사해서 이익을 남긴 것이 아닌 하나님이 주셨다' 라는 것이다. 즉 하나님께서 아브라함을 부자로 만드셨다는 것이다. 부도 가난도 하나님이 주셨다는 것을 우리는 잠시라도 잊으면 안될 것이다.

그러니 가난하다고 원망해서도 안되고 부자라고 교만할 것도 없다. 전능하신 하나님이 한번에 불으시면 모든 것이 허사인 것이다. 동방의 욥이 엄청난 부자였지만 하나님의 뜻에 의하여 한방에 불으시니 모든 사람들은 떠나가고 죽음만 기다리는 자가 되기도 했다.

이르되 내가 모태에서 알몸으로 나왔사온즉 또한 알몸이 그리로 돌아가올지라 주신 이도 여호와시요 거두신 이도 여호와시오니 여호와의 이름이 찬송을 받으실지니이다 하고(욥1:21).

금송아지 사건과 우리의 재물관

앞장에서 언급했지만 중요한 부분이라 한번 더 이야기 하려고 한다.

가나안을 향해가던 이스라엘 백성이 하나님 앞에서 '금 송아지'를 만들어 자기들을 애굽에서 탈출하게한 신이라 고 숭배했다. 모세가 시내산에 기도하러 간틈에 벌어진 사 건이었다. 모세는 하나님이 부르시고 선택한 인물이었지 만 이스라엘 백성은 다듬어지지 않는 사람들이 모세의 명 령에 따라 같이 탈출을 한 것이다.

그러니 말이 이스라엘 백성이지 다양한 사람들이 섞여

있었다. 애굽의 풍습을 그대로 간직한 채 따라 나온 자들이 많았다고 본다. 모세가 눈 앞에 있을 때는 듣는 시늉을 하는데 이제 없으니까 힘없는 모세의 형을 협박해서 '금송아지' 신을 만들자고 했다. 아마 그 요청에 견디지 못했을 것이다.

형의 마음은 '어떻게 해서든지 이 위기를 지나가자' 라는 것이었을 것이다. 모세 대신의 자리에 있던 아론은 그들의 말을 들어주었다. '금 송아지' 신을 만들려면 금이 필요했는데 이스라엘의 부녀자들의 금고리 금팔찌 등 모든 금부치를 걷어들여 그것을 녹여서 '금송아지' 신을 만들어 그것이 애굽을 탈출하게 해준 '신' 이라고 숭배를 한 것이다.

이스라엘 백성들은 애굽에서 탈출시킨 하나님을 잊어버렸던 것이다. 그리고 자기들이 비상시에 사용할 금을, 금송아지 만드는 것에 바치게 된다. 그 금이 하나님 나라 건설과 복지를 위하여 쓰여 졌다면 하나님의 영광이 드러났겠지만 신상을 만드는 것에 사용되었으니 얼마나 가슴 아픈 일인가?

하나님은 '금송아지' 사건때문에 진노하셔서 다 쓸어버리려고 모세에게 말씀을 했을 정도였다. 그러나 모세의 간절한 부탁으로 하나님과 모세편에 서지아니한 3천명만 죽임을 당한다.

금은 아름답고 귀하고, 가치가 있게 쓰일 때는 더욱 빛나는 것이지만, 이렇게 우상신을 만드는데 사용된다면, 그것은 아무런 가치도 소용도 없고, 그 일로 인하여 이스라엘 백성이 죽임을 당한 것과 같은 결과를 가져올 것이다.

오늘을 사는 우리에게도 금귀고리, 금팔찌가 있다. 이것은 어쩌면 위급시에 사용할 수가 있다. 그런데 이런 금속(재물)이 하나님 나라를 위하여 사용되지 않고 이스라엘 백성처럼 자기와 가족과 자신의 명예를 위하여 사용된다면 이것은 자신의 금으로 '금송아지'를 만든것과 다름이 없다.

그리고 그 금이 제대로된 사용처에 사용되지 않는다면 그것은 '금신상' 다시말해 '금송아지 신'을 가슴에 품고 있는 것과 같다. 금은 좋은 것이로되 잘못 품고 있으면 자신을 한 순간에 폭발시키는 다이너마이트와 흡사하다. 세상 재물은 나의 것이 아닌 하나님의 것이며 잠시 내게 맡겨진 것이다. 주인이 아닌 객이 그것을 잘못 사용하면 큰 죄를 짓는 것이다.

내안에 갖고 있는 금이나 금송아지를 버려야 살 수가 있다. 예수님을 따라 제자가 되는 길은 자기 소유를 버리는 것이다. 금송아지를 숭배하며 사는 수많은 기독교 신자들, 스스로 말하기를 '하나님이 자기에게 준 축복이라 한다.' 말도 안되는 자기 주장이다. 하나님이 내게 준 재물은 남을 도우라고 또 하늘나라의 확장을 위하여 준 것이다.

세상 재물과 함께 하늘나라 갈 사람은 한 명도 없다. 주님을 위하여 모든 것을 버린자만 갈 수 있는 곳이 하늘나라이다. 이 세상에서 자기의 '금송아지'를 버린 자들을 위하여 하늘나라에서는 우리를 위하여 황금 보석으로 만들어진 그 나라가 존재하는 것이다. 세상의 황금보석을 버리지 못한자는 결코 하늘나라에 입성하기에 부족한 자이다. 다 버리자, 주를 위해, 하늘나라를 위해...

신라 천마총에 나온 유물을 보면 왕이 세상을 떠날 때, 그 무덤안에 금관과 금모, 금허리띠 열손가락에는 금가락지, 발에는 황금신발을 신었다. 내세를 믿었던 신라인들은 이 세상이 끝나면 저 세상에서 사용할 것이라고 금은 보석으로 치장했다. 그러나 결코 미래의 세계로 금은 보석을 가지고 가지 못하고 1500년 후에 세상사람이 발굴하게 된 것이다.

세상에 올때 동전하나 가지고 오지 못한 것처럼 죽을 때도 아무것도 가지고 가지못한다. 다만 수의 한벌이면 족한 것이다. 이것을 우리 기독교인들이 알면서도 유산을 가족과 자기를 위하여 사용한다면 금송아지인 금신상을 실상 버리지 못하는 것이다.

모든 것을 버린자에게 주어진 것이 하늘나라이다.

천국은 마치 밭에 감추인 보화와 같으니 사람이 이를 발견한 후 숨겨두고 기뻐하며 돌아가서 자기의 소유를 팔아 그 밭을 사느니라 또 천국은 마치 좋은 진주를 구하는 장사와 같으니 극히 값진 진주 하나를 발견하매 가서 자기의 소유를 다 팔아 그 진주를 사느니라(마13:44-46).

벧엘에서 야곱의 회개와
이방신상과 금 귀고리들

　야곱의 딸 디나가 히위족속의 여자들을 보러 나갔다가 그곳 추장 세겜으로부터 성폭력을 당해 갇혀있는 상태가 되었다. 디나를 사랑하는 세겜은 자신의 아버지를 통하여 결혼을 시켜줄 것을 부탁한다. 그래서 그의 아버지는 중매자로 나서서 야곱앞에 서서 결혼에 대한 상세한 이야기를 하게되었다.

　그러나 오빠들은 '이스라엘에게 행하지 못할, 부끄러운 일을 행했다' 라고 생각하고 복수할 계획을 세웠고 그들을 속여 "남자들이 할례를 받아야 결혼할 수 있다"고 말해 모든 남자들은 할례를 받게되었다. 이 할례는 남자들의 포경

수술을 의미하는 것이다. 보통 이스라엘 백성의 남자들은 태어나면 8일만에 행하는 행사이다. 그런데 어른이 되어서 칼로 표피를 잘라내면 많이 아플것이다. 당시에는 의학이 미미하여 사람 스스로 고통을 당했다.

이제 할례받은 지 3일 되었을 때, 디나의 오라버니 시므온과 레위가 각기 칼을 가지고 그 성을 기습하여 모든 남자를 죽였다. 야곱은 말한다. "너희가 내게 화를 끼쳐 나로 하여금 이 땅의 주민 곧 가나안 족속과 브리스 족속에게 악취를 내게 하였도다 나는 수가 적은즉 그들이 모여 나를 치고 나를 죽이리니 그러면 나와 내집이 멸망하리라"(창34:30).

이제 야곱은 앞으로 닥쳐올 환난을 생각하며 막막한 상태였다. 이때 하나님의 음성이 들렸다.

"일어나 벧엘로 올라가서 거기 거주하며 네가 네 형 에서의 낯을 피하여 도망하던 때에 네게 나타났던 하나님께 거기서 제단을 쌓으라!'

야곱은 만세전에 택하고 예정함을 입은 자였기 때문에 또 피할 길을 하나님이 주신 것이다. 이 벧엘에서의 하나님께 제사는 하나님과의 관계가 회복되는 것이었다.

야곱은 말했다.

"너희 중에 있는 이방신상을 버리고 자신을 정결하게 하고 너희들의 의복을 바꾸어입을 것이며, 귀고리들을 내놓아라!"

야곱의 가족들이 신앙적으로 나태해졌음을 알 수 있다. 예전에 야곱의 아내 '라헬'이 이방의 신상인 '드라빔'을 갖고 있었다. 이것은 금으로 된 것이고 또 그들의 귀고리들 역시 금으로 된 것이었다. 야곱은 지난날 하나님을 잘못 섬긴 것들을 깊이 회개하며 자신의 앞날을 지켜주실 것을 하나님께 아뢰었다.

그들이 자기 손에 있는 모든 이방신상들과 자기 귀에 있는 귀고리들을 야곱에게 주는지라 야곱이 그것들을 세겜 근처 상수리나무 아래에 묻고 그들이 떠났으나 하나님이 그 사면 고을들로 크게 두려워하게 하셨으므로 야곱의 아들을 추격하는 자가 없었더라(창35:4-5).

하나님께서 야곱에게 방안을 제시하시고 야곱은 순종
했더니 어려운 환난 속에서 빠져나갈 수 있게하신 것이다.
귀금속을 야곱은 상수리 나무 아래 파묻었다. 아마 이방신
상과 더불어 금귀고리들은 하나님을 멀리하게 하는 요소
라고 야곱은 생각했던 것이다. 다시말해 귀금속은 예전이
나 지금이나 사치품으로 분류되는 것이다. 이방신상과 귀
금속은 서로 다른 용도로 사용되지만 깊은 연관성이 있다.
야곱은 이방신상과 귀거리들을 하나로 보았다. 제사 후 하
나님께서 야곱의 길을 평탄케 하심을 보면 하나님의 마음
에 맞는 행위를 야곱은 한것이다.

　오늘날 우리 안에 있는 이방신상, 금귀고리, 귀금속 등
하나님을 멀리하게 하는 것들은 우리의 마음에서 없애버
려야 할 것이다.

하나님께 드릴 것은 금과 은

출애굽기 35장 4절에 "모세가 이스라엘 자손의 온 회중에게 말하여 이르되 여호와께서 명령하신 일이 이러하니라 이르시기를 너희의 소유 중에서 너희는 여호와께 드릴 것은 택하되 마음에 원하는 자는 누구든지 그것을 가져다가 여호와께 드릴지니 곧 금과 은과 놋과"라고 말씀하고 있고, 출애굽기 35장 22절에 "곧 마음에 원하는 남녀가 와서 팔찌와 귀고리와 가락지와 목걸이와 여러 가지 금품을 가져다가 사람마다 여호와께 금 예물을 드렸으며"라고 말씀하고 있다.

그러면 왜 이런 금은 보화를 모세 앞에 가져오게 되었

는가? 그것은 출애굽기 35장 29절에 해답이 있다. "마음에 자원하는 남녀는 누구나 여호와께서 모세의 손을 빌어 명령하신 모든 것을 만들기 위하여 물품을 드렸으니 이것이 이스라엘 자손이 여호와께 드린 예물이니라"고 말씀하고 있다.

하나님께서 성막을 만드실 때, 어떤 기적을 일으켜서 물품을 충당한 것이 아니고 이스라엘 백성들이 가지고 있었던 금은 보석으로 만들었다. 그런데 여기서 중요한 것은 하나님과 모세가 강제적으로 한 것이 아니고 '마음에 원하는 자'가 하는 것이다. 그런데 계속 '자원하는 자'를 성경에서는 말하고 있다. 사실 이 자원하는 마음은 누가 주는 것일까? 그것은 분명히 하나님이 주시는 것이다.

오늘날도 성전을 지을 때, 선교비를 보낼 때, 구제를 할 때도 자원하는 마음으로 하지 않는다면 하나님은 받지 않으시며 아무 소용없는 것이다. 그런데 이 귀한 하늘 나라 사업에 동참했다면 내 마음이 아니고 '하나님의 마음'인 것이다. 하나님께서 우리에게 그런 마음, 아름다운 마음을 주신 것이다. 하나님께서는 구약의 모세시대부터 오늘에 이르기까지 금과 은을 드릴 사람을 찾고 계신다.

　계속 하나님은 가난한 자나 부자에게, 가슴의 문을 두드리고 계신다. 인색한 마음은 하나님께로부터 온 것이 아닌 마귀로부터 온 것이다. 우리는 어느 편에 설 것인가?

천국은 마치 밭에 감추인 보화와 같으니 사람이 이를 발견한 후 숨겨두고 기뻐하며 돌아가서 소유를 팔아 그 밭을 사느니라 또 천국은 마치 좋은 진주를 구하는 장사와 같으니 극히 값진 진주 하나를 발견하매 가서 자기의 소유를 다팔아 그 진주를 사느니라(마13:44-46).

04장

신약성경에 나타난 황금 이야기

회당에 금가락지를 끼고

야고보서 2장 2절에 "만일 너희 회당에 금 가락지를 끼고 아름다운 옷을 입은 사람이 들어오고 또 남루한 옷을 입은 가난한 사람이 들어올 떼에 너희가 아름다운 옷을 입은 자를 눈여겨보고 말하되 여기 좋은 자리에 앉으소서 또 가난한 자에게 말하되 너는 거기 서 있든지 내 발등상 아래에 앉으라 하면 너희끼리 서로 차별하며 악한 생각으로 판단하는 자가 되는 것이 아니냐" 라고 말씀하고 있다.

신약시대에 와서도 여전히 금가락지는 부자의 상징물로 사용되고 있음을 볼 수 있다. 즉 부자는 아름다운 옷과 더불어 자신을 치장할 수 있는 금가락지가 있다는 것이다.

지금 시대에 그런 개념이 약해졌지만 귀금속이 귀했던 시절은 그랬을 것이다.

그런데 야고보서에 말씀하는 현상이 2천년전 뿐 아니라 오늘날에도 적용되고 있는 현실이다. 한국의 대형교회의 구성원들은 야고보서에서 말씀하는 '아름다운 명품' 옷을 입고 오는 사람이 많아서 어떤분은 "그 옷 자체로도 소외감을 느낀다"라고 말했다.

또 어느교회 가보면 제직들이 저마다 빛나는 귀금속으로 치장을 한 것을 본적이 있다. 바울은 디모데전서 2장 9절에 "또 이와같이 여자들도 단정하게 옷을 입으며 소박함과 정절로써 자기를 단장하고 땋은 머리와 금이나 진주나 값진 옷으로 하지 말고 오직 선행으로 하기를 원하노라 이것이 하나님을 경외한다 하는 자들에게 마땅한 것이니라"고 말씀하고 있다.

바울은 분명히 성도들이 '금이나 진주나 값진 옷'을 배격하고 '오직 선행'을 하기를 바라고 있다. 이것이 성도들이 행해야 할 덕목인 것이다. 제 3세계에 가난한 자와 굶

어죽는 자들이 속출하고 있는데 성도라는 사람들이 고급 옷과 사치품으로 감싸고 다닌다면 이것은 통탄할 일이다.

세상에서 누린 사람은 결코 갈 수 없는 곳이 하늘나라이다. 어떤 분이 너무나 초라하게 옷을 입고 교회를 다니기에 누가 한번 물어보았다.

"집사님은 왜 날마다 같은 옷과 헌옷을 입고 다녀요!"

그 집사님이 대답을 했다.

"저도 여자로서 아름답고 좋은 옷을 알아요! 그러나 해외나가서 수고하시는 선교사님들을 생각하면 옷을 사입을 수가 없어요!"

이런 아름다운 성도가 어디있겠는가? 선교를 위하여 자신을 치장하지 않고, 야고보가 말한대로 실천하는 성도였다. 우리가 비싼돈으로 구입하는 명품과 귀금속들은 세월이 지나면 변하고, 죽어도 그것은 가지고 갈 수 없는 이 땅의 물건이다. 그러나 주님 나라를 위하여, 선교를 위하여,

고아를 위하여 드려진 것들은 훗날에 하나님께서 더 크고 아름다운 면류관으로 선물하실 것이다.

자기 옷이 남루해도 개의치 않고 선교비로 다드리는 그 성도는 하늘의 보화를 발견한 자이기 때문에 결코 세상 것에 유혹당하지 않고 천성을 향하여 달려가는 자이다. 그는 비록 육신의 옷은 보잘 것 없어도 영적으로는 귀하고 아름다운 천국의 세마포가 입혀진 자이다. 우리가 눈이 열려 이 모습을 볼수만 있다면 욕심많은 기독교 부자들은 자기의 모든 비싸고 좋은 명품 옷을 벗어버리고, 손과 귀에 주렁 주렁 달린 귀금속을 팔아 가난한 자들에게 주었을 것이다.

요한계시록 19장 8절에 "그에게 빛나고 깨끗한 세마포 옷을 입도록 허락하셨으니 이 세마포 옷은 성도들의 옳은 행실이로다 하더라"고 말씀하고 있다. 결코 세상의 명품 옷과 비싼 귀금속으로 치장한 성도들에게 입혀지지 않는 옷이다. 말은 기독교인이고 말은 성도지만 빛나고 깨끗한 세마포를 입을 자격이 없는 자이다.

세상이나 교회 안에도 입은 옷으로 사람을 분명히 평가를 한다. 왜냐하면 영적인 눈이 열리지 않았기 때문이다. 그러나 우리의 주님만은 외모로 판단하지 않으시고 마음의 중심을 보신다. 주님이 알아주면 다되는 것이 아닌가?

이사야 선지자는 하나님의 명령을 수행하느라고 벗은 몸으로 다녔다.

이사야 20장 2절에서 3절에 "그 때에 여호와께서 아모스의 아들 이사야에게 말씀하여 이르시되 갈지어다 네 허리에서 베를 끄르고 네 발에서 신을 벗을지니라 하시매 그가 그대로 하여 벗은 몸과 벗은 발로 다니니라 여호와께서 이르시되 나의 종 이사야가 삼년 동안 벗은 몸과 벗은 발로 다니며 애굽과 구스에 대하여 징조와 예표가 되었느니라"고 말씀하고 있다.

하나님은 이사야에게 벗은 몸과 벗은 발로 다니라고 3년동안 명령을 하셨다. 세상은 예전처럼 에덴 동산이 아니다. 죄악을 범한 아담과 하와는 자신들이 수치스럽자 나무 잎으로 몸의 중요부분을 가렸다. 그리고 에덴 동산을 떠나는 아담과 하와에게 가죽 옷을 입혀주셨다. 즉 인간은 옷이 없으면 결코 살수 없기 때문이다.

인류 가운데 딱 한 사람인 이사야에게 벗은 몸과 벗은 발로 다니라고 명령하셨다. 이사야는 하루도 아니고 1년이 365일인데 이것을 세번이나 겪었다. 이것이 하나님의 뜻이고 섭리였다. 하나님이 하라고 하면 해야만 하는 것이다. 우리 성도들은 기본적인 옷만 입고 있어도 하나님의 귀한 은혜인 것이다. 그러기 때문에 성도들은 세상 옷에 관심을 두면 안된다.

구약에 하나님의 명령에 따라 벗은 몸과 벗은 발로 삼년이나 다녔던, 하나님의 귀한 선지자 이사야를 생각하며 "벗지 않고 다님을 감사합니다." 하며 눈물의 기도를 드려야 마땅한 것이다. 우리의 신앙은 관념이 아니요 행동인 것이다.

비록 이 땅에서 이사야 선지자는 3년간이나 벗은 몸과 벗은 발로 다녔지만, 분명 하늘나라에서는 가장 아름답고 빛나는 세마포 흰 옷으로 이사야 선지자에게 보상했었을 것을 믿는다. 세상의 옷으로 화려하게 꾸몄던 자들의 옷은 결코 하늘나라에서는 빛나지 않는다.

우리 성도들은 어떤 옷을 입어야 하는가?

그러므로 각처에서 남자들이 분노와 다툼이 없이 거룩한 손을 들어 기도하기를 원하노라 또 이와같이 여자들도 단정하게 옷을 입으며 소박함과 정절로써 자기를 단장하고 땋은 머리와 금이나 진주나 값진 옷으로 하지 말고 오직 선행으로 하기를 원하노라 이것이 하나님을 경외한다 하는 자들에게 마땅한 것이니라(딤전2:8-10).

탕자 손가락에 끼워준 금가락지와 믿음

누가복음 15장 20절부터 읽어보면 탕자에 관한 이야기가 나온다.

"이에 일어나서 아버지께로 돌아가니라 아직도 거리가 먼데 아버지가 그를 보고 측은히 여겨 달려가 목을 안고 입을 맞추니 아들이 이르되 아버지 내가 하늘과 아버지께 죄를 지었사오니 지금부터는 아버지의 아들이라 일컬음을 감당하지 못하겠나이다 하나 아버지는 종들에게 이르되 제일 좋은 옷을 내어다가 입히고 손에 가락지를 끼우고 발에 신을 신기라 그리고 살진 송아지를 끌어다가 잡아라 우리가 먹고 즐기자 이 내 아들은 죽었다가 다시 살아났으며 내가 잃었다가 다시 얻었노라 하니 그들이 즐거워하더라."라고 말씀하고 있다.

이 아들은 먼저 재산을 상속받아 먼 나라로 떠났고, 재산을 다 탕진했으며 이제는 겨우 목숨만 부지 한채 아버지께 돌아왔는데, 아버지는 다 용서하고 위의 성경말씀처럼 첫째는 좋은 옷, 둘째는 손에 금가락지, 셋째는 신발, 넷째는 살찐 송아지로 풍성한 음식을 만들어 먹였다. 이것은 아버지가 방탕한 아들에게 베푸는 은혜였다.

하나님을 모르는 인생들이 바로 집나간 탕자이다. 그런데 하나님은 오늘도 탕자들이 돌아오기를 간절히 기다리고 계신 것이다. 돌아오기만 하면 이런 대접을 해줄 것이다. 제일 좋은 옷과 금 가락지, 신발, 송아지로 말이다.

하나님을 믿지 않는 사람들은 어떠한 방패막이가 없는, 다시말해 눈이 펑펑내리는 빈들판에 아무것도 입지 못하고 벌벌떠는 사람과 같다. 그러나 주님 안에 있는, 하나님의 사람들은 좀 다르다.

에베소서 6장 11절부터 말씀하고 있다.

"마귀의 간계를 능히 대적하기 위하여 하나님의 전신
갑주를 입으라 우리의 씨름은 혈과 육을 상대하는 것이 아
니요 통치자들과 권세들과 이 어둠의 세상 주관자들과 하
늘에 있는 악의 영을 상대함이라 그러므로 하나님의 전신
갑주를 취하라 이는 악한 날에 너희가 능히 대적하고 모든
일을 행한 후에 서기 위함이라 그런즉 서서 진리로 너희
허리 띠를 띠고 의의 호심경을 붙이고 평안의 복음이 준비
한 것으로 신을 신고 모든 것 위에 믿음의 방패를 가지고
이로써 능히 악한 자의 모든 불화살을 소멸하고 구원의 투
구와 성령의 검 곧 하나님의 말씀을 가지라."

하나님을 믿지 않는 사람들은 세상과 악한 영들의 공격
으로부터 자신을 지켜줄 아무것도 없는 정말 외로운자이
다. 그러나 하나님 안에 들어오면, 하나님의 택정함 속에
들어온다면 이제는 나혼자가 아니라 나를 창조하신 전능
하신 하나님이 나와 함께 하는 것이기에 전혀 두려울 것이
없고 평안함이 자신을 지배하게 될 것이다.

탕자에게 끼어준 금 가락지는 보통 가락지가 아니다. 이제 천성을 향해 갈 수 있는 '믿음의 가락지' 인 것이다. 이것은 어느 강도가 빼앗을 수가 없다. 왜냐하면 자기 돈으로 산 것이 아니요 하나님이 끼어주신 '가락지' 즉 '믿음의 금가락지' 이기 때문이다.

너희는 그 은혜에 의하여 믿음으로 말미암아 구원을 받았으니 이것은 너희에게서 난 것이 아니요 하나님의 선물이라 행위에서 난 것이 아니니 이는 누구든지 자랑하지 못하게 함이라(엡2:8-9).

우리의 손에도 하나님이 끼워주신 '믿음의 금 가락지' 가 있나 점검해보자.

새 예루살렘 광경

계시록 21장10절부터 보면 아래와 같이 새 예루살렘 광경을 살펴볼 수 있다.

성령으로 나를 데리고 크고 높은 산으로 올라가 하나님께로부터 하늘에서 내려오는 거룩한 성 예루살렘을 보이니 하나님의 영광이 있어 그 성의 빛이 지극히 귀한 보석 같고 벽옥과 수정 같이 맑더라 크고 높은 성곽이 있고 열두 문이 있는데 문에 열두 천사가 있고 그 문들 위에 이름을 썼으니 이스라엘 자손 열두 지파의 이름들이라 동쪽에 세문, 북쪽에 세 문, 남쪽에 세 문, 서쪽에 세 문이니 그 성의 성곽에는 열두 기초석이 있고 그 위에는 어린 양의 열두 사도의 열두 이름이 있더라 내게 말하는 자가 그 성과 그 문들과 성곽을 측량하려고 금 갈대 자를 가졌더라 그 성은 네모가 반듯하여 길이와 너비가 같은지라 그 갈대 자로 그 성을 측량하니 만 이천스타디온이요 길이와 너비와 높이가 같더라 그 성곽을 측량하매 백사십사 규빗이니 사람의 측량 곧 천사의 측량이라 그 성곽은 벽옥으로 쌓였고 그 성은 정금인데 맑은 유리 같더라 그 성의 성곽의 기초석은 각색 보석으로 꾸몄는데 첫째 기초석은 벽옥이요 둘째는 남보석이요 셋째는 옥수요 넷째는 녹보석이요 다섯빼는 홍마노요 여섯째는 홍보석이요 일곱째는 황옥이요 여덟째는 녹옥이요 아홉째는 담황옥이요 열째는 비취옥이요 열한째는 청옥이요 열두째는 자수정이라 그 열두문은 열두 진주니 각 문마다 한개의 진주로 되어 있고 성의 길은 맑은 유리 같은 정금이더라 (계21:10-21).

그 성은 해나 달의 비침이 쓸 데 없으니 이는 하나님의 영광이 비치고 어린 양이 그 등불이 되심이라 만국이 그 빛 가운데로 다니고 땅의 왕들이 자기 영광을 가지고 그리로 들어가리라 낮에 성문들을 도무지 닫지 아니하리니 거기에는 밤이 없음이라 사람들이 만국의 영광과 존귀를 가지고 그리로 들어가겠고 무엇이든지 속된 것이나 가증한 일 또는 거짓말하는 자는 결코 그리고 들어가지 못하되 오직 어린 양의 생명책에 기록된 자들만 들어가리라(계21:23-27).

천국은 우리 기독교인들이 사모하는 나라이다. 왜냐하면 우리의 본향 집이기 때문이다. 우리가 세상에서 모든 것을 얻었다해도 저 천국을 소유하지 못한 사람은 세상에서 제일 불쌍한자라고 해야 할 것이다.

그런데 "무엇이든지 속 된 것이나, 가증한 일, 또는 거

짓말하는 자는 결코 들어가지 못하고" 또 "어린 양의 생명
책에 기록된 자만 들어간다."라고 말씀하고 있다. 하늘나
라 가는 것이 쉬운 것 같아도 결코 쉽지 않음을 보여주고
있다. 그래서 바울사도는 '날마다 자신을 죽이는 것'을 일
로 삼았다. 왜냐하면 그의 고백이 "내가 남에게 복음을 전
하고도 버림을 받을까 두렵다."라고 했다. 이것은 그가 그
냥 지나가는 말이 아닌 심령 깊은 곳에서 쏟아낸 자기의
고백이었다.

　　분명 구원은 하나님께로부터 오는 것이요, 자기의 행위
로 절대 구원을 받을 수 없지만 바울의 '깊은 고민'을 우
리도 품고 푯대를 향하여 정진해야 할 것이다.

내가 이미 얻었다 함도 아니요 온전히 이루었다 함도 아니라 오직 내가 그리
스도 예수께 잡힌 바 된 그것을 잡으려고 달려가노라(빌3:12).

너희는 그 은혜에 의하여 믿음으로 말미암아 구원을 받았으니 이것은 너희
에게서 난 것이 아니요 하나님의 선물이라 행위에서 난 것이 아니니 이는
누구든지 자랑하지 못하게 함이라(엡2:8-9).

05장

구약성경에 나타난 신발 이야기

모세야 네 신발을 벗어라

　모세는 젊은 날 자기 민족 이스라엘을 위하여 '무엇인가' 큰일을 하려고 생각했던 사람이다. 그러나 그것이 빗나가 애굽사람을 죽이는 자리에까지 갔고 나중에는 광야로 피신하여 은둔생활을 하고 있었다. 젊은 날의 모든 혈기는 사라지고, 이제 팔십이된 노인의 모습이 되었다.

　그러던 어느 날, 하나님의 산 호렙에 이르렀을 때에 여호와의 사자가 떨기나무 가운데로부터 나오는 불꽃 안에서 모세에게 나타나셨다. 그런데 떨기나무에 불이 붙었으나 타지 아니했다. 이것을 신기하게 여긴 모세는 더욱 가까이 불 꽃 앞으로 다가갔다.

그때 하나님의 음성이 들려왔다.

"모세야! 모세야!"

다급하게 부르시는 하나님의 음성이었다.

"내가 여기 있나이다."

"가까이 오지 말라! 네가 선 곳은 거룩한 땅이니 네 발에서 신을 벗으라!"

모세는 자기 신발을 신고 80년간이나 자기가 가고 싶은 곳으로 다녔다. 애굽의 왕궁에 있을 때는 당시의 명품 신발을 신고 다녔을 것이고 또 사람을 죽이고 광야로 도망쳤을 때도 자기의 신발과 함께 도피했을 것이고 광야에서 양을 치던 40년 동안도 이리저리 다녔다. 즉 모세가 신은 신발은 그와 평생을 같이했다.

하나님과 관계없는 일에 신발과 함께 동행한 것이다. 그런데 이제 모세의 훈련기간은 끝나고, 호렙산중 가시덤

불 불꽃 가운데서 하나님의 부르심이 있었던 것이다. 그때 하나님께서 모세에게 제일 먼저 "네 신발을 벗어라!"고 말씀하신다.

즉 하나님께서 모세의 과거의 신을 벗겨주시고 '하나님의 새 신'을 신겨주시겠다는 것이다. 과거에 모세가 신었던 신은 애굽에서의 살인의 신발이며, 또 40년간 양치면서 이곳 저곳을 다니던 신발은, 목동의 신발이었다. 그런데 이런 신발을 신고는 이스라엘 민족의 지도자로서 불가능했기에 하나님은 '새 신' 다시말해 영적으로 거듭나는 '신발'이 필요했던 것이다.

모세가 인간적인 힘을 거의 잃어가던 80세에 하나님이 나타나셔서 '과거의 신발'을 벗기시고 이스라엘 민족을 구원하기에 합당한 '사명의 신발'을 하나님께로부터 받게 된다. 사람이 만든 신발은 시간이 가면 해지고 떨어지지만 하나님의 주시는 신발은 결코 그런 것이 없다.

주께서 사십 년 동안 너희를 광야에서 인도하게 하셨거니와 너희 몸의 옷이 낡아지지 아니하였고 너희 발의 신이 해어지지 아니하였으며(신29:5).

해지지 않는 신발과 우리의 믿음의 신발

세상에는 아무리 좋은 신발도 2-3년을 넘기기 쉽지 않다. 그런데 40년을 신어도 해지지 않는 신발이 있다고 성경은 말하고 있다. 신명기 29장 5절에 "주께서 사십 년 동안 너희를 광야에서 인도하게 하셨거니와 너희 몸의 옷이 낡아지지 아니하였고 너희 발의 신이 해지지 아니하였으며"라고 말씀하고 있다.

이 성경 말씀을 읽을 때마다 하나님의 신비를 생각하게 된다. 말씀 한마디로 천지만물을 창조하시는 하나님이 신발을 40년간이나 해지지 않게 하셨다는데, 아니 백년 이백년도 갈 것이고, 우리가 하나님의 나라에 가서 하나님이 주시는 신발을 신으면 영원히 신을 것이 아닌가?

이스라엘 민족이 광야 40년 동안 옷과 신발이 해지지 않는 것은, 앞으로 미래의 영원한 천국에서의 모형을 이땅에서 잠시 느끼라고 하신 것 같다. 세상의 모든 것 사람, 건물, 옷, 신발, 금은 보화, 등 보이는 모든 것은 잠시 잠깐 후면 사라지는 존재들이다. 그러나 하나님의 것은 영원히 존재하는 것이다.

세상에 지나가는 그림자에 우리 정신과 육체가 홀렸다면 그 환상에서 우리는 벗어나야 한다. 영원히 변치 않는 하늘나라를 바라보며, 이스라엘 민족이 신었던 신발은 40년간은 해지지 않고 닳지 않았지만 그들은 가나안 땅으로 들어가지 못했다. 히브리서 4장 1절에서 2절에 "그러므로 우리는 두려워할지니 그의 안식에 들어갈 약속이 남아 있을지라도 너희 중에는 혹 이르지 못할 자가 있을까 함이라 그들과 같이 우리도 복음 전함을 받은 자이나 들은 바 그 말씀이 그들에게 유익하지 못한 것은 듣는 자가 믿음과 결부시키지 아니함이라."고 말씀하고 있다.

비록 하나님께서 40년간은 해지지 않는 신발을 주셨더라도 그것이 믿음과 함께하지 않는다면 무슨 소용이 있겠는가? 그들은 40년간 하늘로부터 내리는 만나와 메추라기를 먹었어도 그들의 삶이 허망했던 것이며 믿음의 사람들이 되지 못하고 애굽 땅에서 구출하신 하나님과 모세를 원망하다가 결국은 애굽에서 나온 사람 중 여호수아와 갈렙만이 천국을 상징하는 가나안 땅에 들어가게 되었다.

이것을 보면서 우리의 신발은 저 천성을 향하는데 있어서 부족함이 없는 '믿음의 신발'을 신어야 할 것이다. 그 믿음의 신발은 모세가 신었다. 출애굽기 14장 16절에 "지팡이를 들고 손을 바다 위로 내밀어 그것이 갈라지게 하라 이스라엘 자손이 바다 가운데서 마른 땅으로 행하리라"고 말씀하고 있는데, 모세는 지팡이를 바다위로 믿음으로 치면서 '믿음의 신발'과 함께 홍해바다를 건너게 되었다.

또 여호수아 4장 7절에 "요단 물이 여호와의 언약궤 앞에서 끊어졌나니 곧 언약궤가 요단을 건널 때에 요단 물이 끊어졌으므로 이 돌들이 이스라엘 자손에게 영원히 기념이 되리라 하라 하니라"고 말씀하고 있다. 이 때도 함께한 것이 '믿음의 신발' 과 함께 했던 것이다.

즉 요단강을 건너야 가나안에 들어가게 되는 것이다. 우리도 이 '믿음의 신발' 을 신고 죽음의 요단강을 건너야만 천국의 생명수 강가에 이르게 될 것이다. 이 '믿음의 신발' 을 신지 않으면 결코 하늘나라에 입성할 수가 없다. 우리의 '믿음의 신발' 끈이 풀어졌는지 살펴보아야 할 것이다.

믿음이 없이는 하나님을 기쁘시게 하지 못하나니 하나님께 나아가는 자는 반드시 그가 계신 것과 또한 그가 자기를 찾는 자들에게 상주시는 이심을 믿어야 할지니라(히11:6).

이사야의의 발바닥 신발사용, 3년

이사야 20장 2절에 "이사야에게 말씀하여 이르시되 갈지어다 네 허리에서 베를 끄르고 네 발에서 신을 벗을지니라 하시매 그가 그대로 하여 벗은 몸과 벗은 발로 다니니라"고 말씀하고 있다.

이사야 선지자는 하나님의 명령 때문에 옷도 3년간 입지 않았고 신발도 신지 않았으며 그의 발바닥이 신발이 되어서 돌아다녔다. 혹독한 시련이요 힘든 과정이었다. 하나님의 명령이 아니었으면 결코 실행할 수 없는 일을 해낸 것이다.

우리는 아름다운 신발, 명품신발을 선호하는데 구약의 하나님의 사람 이사야는 우리나라에서 그 흔했던 '짚신' 조차 신지 못하고 바람이 부나 비가 오나, 상관없이 신발 없이 다녀야 했다. 하나님은 이사야의 절대적 순종을 기억하실 것이며 많은 상급으로 갚아 주실 것이다.

이사야가 신발 없이 3년간 하나님의 말씀에 순종했던 것을 생각하며 우리 신앙을 다시금 점검해야 할 것이다. 비록 맨발의 선지자였지만 영적으로 보면 결코 없는 신발이 아니요 하나님의 '황금 신발' 을 신었다고 본다. 비록 사람의 눈으로 보이지는 않지만 '영적 신발' 이 신겨져 있었을 것이다. 이것은 이사야의 '복음의 신발' 이다.

평안의 복음이 준비한 것으로 신을 신고(엡6:15).

사람은 신발없이는 얼마 걷지를 못한다. 이사야 역시 신이 아니고 사람이다. 그에게는 인간의 한계가 있다. 신발없이는 발이 상처가 나고 찢겨 질 것이다. 그 고통 가운데 길을 걷는 이사야에게 하나님의 신발이 신겨져 있었을 것을 확신한다.

우리도 자기의 신발을 살펴보자 어떤 신발이 신겨져있
나?

비록 이사야는 세상 신발은 없었지만 '복음의 신발' 이
신겨져 있었다. 우리가 지금 세상의 명품 신발로 내 발을
감싸고 있다해도 하나님이 주신 '복음의 신발' 을 신지 않
고 있다면 이보다 더 불쌍한 사람은 없다.

복된 소식을 전하는 아름다운 발

이사야 52장 7절에 "좋은 소식을 전하며 평화를 공포하며 복된 좋은 소식을 가져오며 구원을 공포하며 시온을 향하여 이르기를 네 하나님이 통치하신다 하는 자의 산을 넘는 발이 어찌 그리 아름다운가"라고 말씀하고 있다. 즉 결론은 복음을 전하는 발이 아름답다고 했다.

오늘날 많은 기독교인이나 불신자들이 모양과 품위 유지를 위하여 명품 구두로 치장을 하는데 이것이 세상적으로는 그 발의 품위를 나타낼 수도 있지만 하나님 안에서는 그런 신발이 품위를 나타내는 것과는 전혀 상관없이 '복음을 전하는 발' 이 아름답고 귀한 것이다.

세상의 관점에서 신발은 훗 날 하나님의 심판의 대상이 될 수도 있다. 그러나 복음을 위하여 발이 부르텄고 찢기기도 그리고 상했다면 하나님의 위로가 분명히 있을 것이다.

우리는 세상 명품 구두에 마음을 빼앗기지 말아야 한다. '복음을 전하는 발'에 깊은 관심과 힘을 쏟아야한다. 조만간 그 결과가 드러날 것이다. '복음의 신발'에 관심있는 기독교인들은 세상 신발에 관심을 가지지 않는다. 비싼 신발 살 돈 있으면 그것으로 구제하고 봉사하고 선교한다.

내 신발은 하나님이 신겨주신 '복음의 신발' 하나면 족하다. 그것은 바로 하늘나라의 '황금 신발'이며 우리가 영원히 신을 신발이 아니겠는가 세상 것 버리면 하늘나라 신발이 내려온다. 세상의 신발을 사모하며 기다리면 결코 하늘의 신발은 내려오지 않을 것이다.

내 마음이 세상 신발에 마음 빼앗기지 말아야하고, 하늘의 신발, 복음을 전하는 아름다운 신발에 마음을 쏟아야 한다.

누구든지 주의 이름을 부르는 자는 구원을 받으리라 그런즉 그들이 믿지아니하는 이를 어찌 부르리요 듣지도 못한 이를 어찌 믿으리요 전파하는 자가 없이 어찌들으리요 보내심을 받지 아니하였으면 어찌 전파하리요 기록된 바 아름답도다 좋은 소식을 전하는 자들의 발이여 함과 같으니라(롬10:13-15).

06장

신약성경에 나타난 신발 이야기

세례요한의 신발 끈과 우리의 다짐

당시 중동지역에는 샌달을 신었는데 가죽이나 나무로 발바닥 밑창을 만들고 그 위에 신들메로 불리는 끈으로 묶었다. 지금도 유물이 발견되고 있는 실정이다. 세례요한은 누가복음 3장 16절에 말하기를 "나는 그의 신발 끈을 풀기도 감당하지 못한다"고 말하고 있다. 즉 그는 예수님을 말하고 있는 것이다. 이 성경구절에서 당시의 신발의 형태를 생각해 볼 수 있다.

예수님은 만왕의 왕으로써 세상에 오신 분이기 때문에 세례요한 뿐만 아니라 우리 모두는 예수님의 신발 끈도 풀기에 감당하지 못할 것이다. 이 마음으로 주를 증거하던

요한은 결국 순교자로서 사명을 감당했다.

우리가 영원히 경배하고 찬양할 예수님을 세례 요한의 심정으로 섬기고 공경해야 할 것이다.

세례요한의 황금의 복음 신발

성경에 보면 낙타 털 옷을 입고 석청과 메뚜기를 먹으면서 '죄 사함을 받게 하는 회개의 세례를 전파했다.' 사람들은 몰려들기 시작했고 각 부류의 사람들이 요한 앞에와서 회개했고 자기 뒤에오시는 예수님을 증거했다.

예수님의 '신발 끈'을 말했던 세례요한은 광야에서 어떤 신발을 신고 전도를 했는지는 알 수 없으나 분명한 것은 하나님이 주신 복음의 신발 '황금 신발'을 신고 전도했을 것이다. 그는 전도하는데 있어 지칠 줄 몰랐다. 그의 삶이 세상에서 길 지 않았다. 그래서 그랬는지 목숨이 끊어지도록 주의 복음을 전했다.

얼마나 열심히 그리스도의 복음을 전했는지 당시 사람 중에는 '세례요한이 혹시 예수님이 아닌가?' 라는 생각을 하기도 했다. 그 정도로 예수님의 증인이 되었던 것이다. 그러니 전도 할려면 최소한 세례요한 정도는 되어야 한다. 전도를 할 때 모기만한 소리로 복음을 증거하면 알아들을 사람이 없다. 누가복음 3장 4절의 "광야에서 외치는 자의 소리가 있어, 너희는 주의 길을 준비하라 그의 오실 길을 곧게 하라"고 말씀하고 있다.

주의 복음은 세례요한처럼 목이 터져라 외쳐야만 된다. 그래야 하늘의 하나님이 들으시고, 천군과 천사가 돕는다. 그래야만 전도할 때, 기적과 역사는 일어난다. 주님이 주신 '황금의 복음 신발' 을 신은 세례요한을 생각하면서 우리 또한 '황금의 복음 신발' 을 신고, 생명걸고 '생명의 복음' 을 전해야만 한다.

또한 우리를 위하여 기도하되 하나님이 전도할 문을 우리에게 열어주사 그리스도의 비밀을 말하게 하시기를 구하라 내가 이 일 때문에 매임을 당하였노라 (골4:3).

두 벌 옷이나 신이나 지팡이

예수님께서 마태복음 10장 10절에 "여행을 위하여 배낭이나 두 벌 옷이나 신이나 지팡이를 가지지 말라 이는 일꾼이 자기의 먹을 것을 받는 것이 마땅함이라"고 말씀하고 있다. 특별히 세상에서 우리 기독교인들은 전도자의 자세로 살아가야 할 것이다.

이것은 특별히 예수님의 말씀이기 때문에 깊이 생각해야 한다. 배낭이나 두 벌 옷이나 신이나 지팡이를 갖지 말라는 의미를 가슴 깊게 새기며 올바른 전도자의 자세를 가져야 한다. 인간으로서 최소한의 모습만을 갖추기를 바라고 계신 것이다.

복음 전도자는 깨끗한 것으로 단장하면 되고, 세상사람처럼 귀금속으로 치장하고 좋은 신발을 신고 전도를 하면 안될 것이다. 전도자는 거지가 되어야 한다는 말이 아니고, 단정함으로 본을 보여야 할 것이다.

마태복음 10장 10절의 위의 말씀은 오늘을 사는 우리에게 깊은 교훈을 주고 있다.

평안의 복음의 신발

에베소 6장 10절에서 19절 까지의 "끝으로 너희가 주안에서와 그 힘의 능력으로 강건하여지고 마귀의 간계를 능히 대적하기 위하여 하나님의 전신갑주를 입으라 우리의 씨름은 혈과 육을 상대하는 것이 아니요 통치자들과 권세들과 이 어둠의 세상 주관자들과 하늘에 있는 악의 영들을 상대함이라 그러므로 하나님의 전신갑주를 취하라 이는 악한 날에 너희가 능히 대적하고 모든 일을 행한 후에 서기 위함이라 그런즉 서서 진리로 너희 허리 띠를 띠고 의의 호심경을 붙이고 평안의 복음이 준비한 것으로 신을 신고 모든 것 위에 믿음의 방패를 가지고 이로써 능히 악한 자의 모든 불화살을 소멸하고 구원의 투구와 성령의 검 곧 하나님의 말씀을 가지라 모든 기도와 간구를 하되 항상 성령 안에서 기도하고 이를 위하여 깨어 구하기를 항상 힘쓰며 여러 성도를 위하여 구하라."고 말씀하고 있다.

특별히 위의 말씀은 우리 성도들은 마귀를 대적함에 있어 영적인 무장이 필요하다고 바울은 말하고 있는 것이다. 이러한 영적 무장이 없으면 환난 날에 마귀와 싸워서 승리하기가 힘들다. 특별히 바울은 영적 신발에 대해 말씀하고 있는데 '복음의 준비한 신'에 대해서 말하고 있다. 즉 이 신발은 너무나 중요하다.

사도바울도 이 복음의 신발을 신었고, 우리 성도들도 이 '복음의 신발'을 신으라고 말씀하고 있다. 그런데 더 중요한 것은 이 신발은 하나님이 선택하고 택정한 하나님의 사람에게만 주어지는 하늘의 신발이다. 이것은 돈으로 사는 신발이 아닌 하나님의 하사품인 것이다.

이미 하나님으로부터 이 선물을 받은 사람은 부지런히 신발이 다 닳도록 뛰어다니며 복음을 증거해야 한다. 그 신발에는 복음을 위하여 뛰어다닌 기록이 전부 수록되어 있다. 그 신발을 신고 범죄하는 장소에 갔다면 그것도 기록이 되어 있을 것이고, 복음을 전하다가 수모를 당하고 매를 맞았다면 그것도 신발 기록 장치에 적혀있을 것이다.

우리가 주를 위하여 다닌 발자국마다 주님이 살펴보고 계신 것을 잊어서는 안된다. 지금도 이름도 빛도없이 산을 넘고 강을 건너고 깊은 산을 오르고 내리는 전도자의 발걸음은 정말 아름다운 발걸음이며 그들이야 말로 하늘의 '황금신발' 을 소유한 사람들이다.

지혜있는 자는 궁창의 빛과 같이 빛날 것이요 많은 사람을 올은 데로 돌아오게 한 자는 빛과 같이 영원토록 빛나리라(단12:3).

07장

나의 황금 신발 이야기

복음의 신발 종류

복음의 신발을 차량으로 비유한다면 '복음의 발통' 이라 말할 수 있다. 복음을 전하러 갈 때에 오토바이를 타고 가기도 하고, 이것은 발통이 두 개이고, 자동차를 타고 가면 발통이 네 개이다. 이것은 좀더 크다. 버스는 바퀴가 6개이다. 사역이 점점 커지는 것을 의미하기도 한다. 그 다음에는 컨테이너 차는 바퀴가 더욱 많다.

복음의 발통은 많은 짐을 운반할 때에 사용된다. 즉 선교사들의 사역에 따라 발통이 틀리다고 보아야 할 것이다. 선교사들이 처음에 와서는 차가 없기 때문에 혼자 걸어다니면서 복음을 전하기도 하는데, 필리핀 같은 곳은 언제나 여름인데 걸어다니려면 얼마나 힘이 들겠는가? 그 여름 나라에 차없이 걸어다니며 복음을 전한다는 것은 보통 일이 아니다.

자기 몸 하나 간수하기도 힘든데 복음까지 전한다는 것은 힘든 일이고 선교가 거의 절대적으로 비효과적이다. 그래서 어떤 선교사들은 자전거를 타고 다니며 복음을 전하는데 걸어다니는 것보다는 낫고 이보다 더 나은 것은 오토바이가 있고 그 다음은 우리가 보통 생각하는 자동차가 있을 것이다.

그러나 이것도 돈 없는 선교사는 중고차를 구입하게 되는데 많은 선교사들이 중고차의 경험이 많을 것이다. 한국의 후원교회나 후원자들은 선교사들의 효과적인 선교를 위하여 복음의 신발인 자동차를 생각하고 후원해주신다면 놀라운 하나님의 은총이 그 가정과 자손들에게 있을 것이다.

두 발 자전거 핸들 위에 묘기 부리는 나

내가 잠실 운동장 같이 넓은 곳에서 혼자 묘기를 하고 있는데 나를 봐주는 관객이 한명도 없었다. 이것을 환상 속에서 보게되었다. 내가 필리핀 선교지에 와서 3-4년 정도 되었을 때이다. 당시 나는 필리핀 땅에서 열심히 복음을 전할 때였다.

나는 사관학교 1학년 때 예수를 나의 구주로 영접하고 그때부터 예수님에게 미쳐서 사관학교 생도인지 신학생인지 구분 안될 정도로 전도를 했다. 너무나 열심히 전도하다가 사관학교 귀가 시간을 위반해 졸업을 못할 뻔도 했다. 그렇게 전도를 시작해 필리핀으로 떠나기 전까지 내 신발이 다 닳토록 천명에게 복음을 전했다.

내가 전하는 복음 전도의 방법은 지나가면서 말을 하는 정도의 전도가 아니라 상대방에게 한 시간 두시간 상대방이 그리스도 앞에 돌아오기까지 '예수님을 구원의 주님으로 영접하는 단계'에까지 이르도록 하는 전도 방법이다. 나는 멘토에게 훈련 받은 방법 대로 했다.

하나님께서 보여주신 이 환상은 보통 의미가 있는 것이 아니었다. 엄청나게 큰 운동장에서 묘기를 보여주는 나는 바로 필리핀 땅에서 복음을 증거하는 나의 모습이었다. 비록 사람들은 나의 복음의 메시지에 귀를 기우리지 않고 있었지만 이 모습을 우리 주님은 기억하고 계셨으며 하늘의 천군 천사도 보고 계셨다.

사람이 보든 안 보든 나의 전도를 하나님께서 보고 계심을 믿는다. 전도자는 누구에게나 환영을 받고 칭찬을 받는 것이 아니다. 힘들고 어려운 길이다. 그 길은 주님만 바라보고 걷는 길이다. 예수님 당시에도 마찬가지였다. 그 길은 생명의 길이요 영생의 길이기에 전도자에게는 행복한 길이 될 것이다. 우리에게 입술을 주시고 말할 수 있게 하신 것은 남을 저주하라고 주신 것이 아니요 전도하라고 주신 것이다.

나와 같이 전도자의 삶을 걷는 이들에게 하나님의 크신 축복이 있으시기를 바란다.

외로운 전도자에게 주시는 황금 신발

　한국에서부터 복음을 전한지 34년째 되던 해에, 내 혼이 빠져서 내 모습을 보게 되었다. 그런데 내가 '황금 신발'을 신고 있었다. 나는 황금 신발의 의미를 생각해 보았다. 이 신발은 나만 신고 있는 것일까? 그것은 아닐 것이다. 나와 같이 이 세상에서 자기의 신발이 해지도록 전도를 다녔던 자들에게 훗 날 하나님이 주시는 '전도자의 상'이 아닐까 생각이 든다.

　황금이라는 것은 세상에서 제일 가치있고 귀한 귀금속이다. 이것이 많은 자들은 부자라 말한다. 내가 주를 위하여 가난하게 되고 헐 벗고 수고하며 전도에 온 힘을 바치면 하늘나라에서 나를 부요케 하시려는 하나님의 뜻과 섭리라 생각을 한다. 그 황금 신발을 본 후에는 내가 가진 돈이 없어도 마음은 풍요롭고 자신감이 생기고 영적이 풍성함을 느끼게 된다.

'나는 하나님으로부터 황금 신발을 받은 사람이야!'

물론 이것은 영적인 의미로 내게 다가온 것이지만 나는 이것을 믿음으로 받아드렸고 나는 황금 신발을 가진 부요한 자이며 미래의 하나님의 나라에서 전도자에게 특별히 주시는 황금 신발을 신게 될 것을 믿는다.

나는 선한 싸움을 싸우고 나의 달려갈 길을 마치고 믿음을 지켰으니 이제 후로는 나를 위하여 의의 면류관이 예비되었으므로 주 곧 의로우신 재판장이 그날에 내게 주실 것이며 내게만 아니라 주의 나타나심을 사모하는 모든 자에게도니라(딤후4:7-8).

08장

신발의 사용 용도와 전도에 관해서

짚세기 신발 전도

짚세기 신발 전도는 일년에 한번 씩, 하는 총동원 주일 예배라 할 수 있다. 전도하지 못하는 신자들을 위하여 담임목사가 말을 한다.

"전도하지 못해도 상관없으니, 이번 주일 한번만 모시고 오십시요. 전도는 제가 말씀으로 하겠습니다."

성도들에게 부담을 주기 싫어서 이렇게 말하면 성도들은 수단 방법을 가리지 않고 예배 시간 1시간을 위하여 총동원을 한다. 이런 것을 '짚세기 신발 전도'라 말 할 수 있다. 짚세기가 임시 신발이듯이 이런 전도는 임시방편의 전도라 할 수 있다.

슬리퍼 전도

이 신발은 짚세기 신발보다는 좀 나은데 슬리퍼를 신고는 운동을 할 수 없고 오랜시간을 걸을수 없다. 단지 집 주위에 있을 때 사용하는 신발이다. 그리고 '신었다 벗었다' 하기에 편리하다. 복음의 신발과 비교한다면 이 신발을 신은 목회자나 선교사들은 제 마음대로 하나님의 뜻과 섭리를 해석하며, 자기가 하는 목회나 선교방법은 '다 하나님이 주신 것이라고 우겨대기도 한다.'

하나님이 명령한, 하나님이 지시한 것이 아님에도 불구하고, 자기가 편리한대로 목회나 선교를 하는 것을 '슬리퍼 전도 방법' 이라고 한다.

예를 들어, "하나님께서 필리핀에 가서 목숨 바쳐 선교하라!" 해서 왔다는 사람이 1년만에 철수하는 것을 가리켜, 슬리퍼 선교사라 할 수 있다. 하나님은 우리의 마음대로 조종되는 분이 아니고 우리의 일생 끝나기까지 조종하시는 분임을 꼭 기억해야 할 것이다.

기독교 안에서 '슬리퍼 신발' 전도 방법을 사용하는 분이 너무나 많은 현실 앞에 우리는 깊은 회개가 필요하다.

어리석도다 갈라디아 사람들아 예수 그리스도께서 십자가에 못 박히신 것이 너희 눈 앞에 밝히 보이거늘 누가 너희를 꾀더냐 내가 너희에게서 다만 이것을 알려 하노니 너희가 성령을 받은 것이 율법의 행위로냐 혹은 듣고 믿음으로냐 너희가 이같이 어리석으냐 성령으로 시작하였다가 이제는 육체로 마치겠느냐(갈3:1-3).

스포츠 신발 전도

이것은 운동을 통하여 복음을 증거하는 것이다. 예를 들어 배드민턴을 치면서, 또 태권도를 하면서, 골프를 치면서, 볼링을 하면서, 축구를 하면서 복음을 전한다. 즉 동호회를 통해서 복음이 전파되는 것이다.

그런데 다른 운동은 일대 일이지만 태권도는 마이크만 있다면 한 번에 백 명, 천 명, 만 명도 가르칠 수 있는 장점이 있다. 스포츠를 통한 복음 전도가 활성화가 되어야 한다.

나는 스포츠 신발 전도 방법으로 필리핀에서 사역을 했

다. 처음 도착한 것이 바로 엊그제 같았는데 30년의 세월이 흘렀다. 나는 이 나라 사람에게 태권도를 가르치며 말씀을 증거했고 또 거리에 나가 전도를 했다. 그냥 전도하는 것보다는 태권도라는 매개체를 통하여 전도를 하니 훨씬 복음 전도하는데 도움이 되었다.

물론 이것은 나의 사역이 아니고 주님의 사역이고 하나님이 함께 해주셔서 승리할 수 있었다. 나는 계명 따라 필리핀에 왔고 나의 발차기를 통하여 성령님의 발차기는 시작되었고 이렇게 태권도와 말씀과 전도에 몰입하다보니 또 황금 신발을 신겨 주셨고, 내가 걷는 발걸음은 보통 발걸음이 아닌 하나님이 함께해주시는 '복음의 발걸음'인 것을 깨닫게 되었다.

비단 구두 전도

이 비단구두가 우리 모두에게 적극 알려지게 된 계기는 '오빠 생각' 이라는 동요를 통해서이다. 1925년 11월에 방정환이 만든 잡지 '어린이' 에 실린 곡이다. "뜸북 뜸북 뜸북새 논에서 울고 뻐꾹 뻐국 뻐국 새 숲에서 울 제 우리 오빠 말 타고 서울 가시면 비단 구두 사가지고 오신다더니..." 작사가가 최순애인데 당시 12살 소녀였다. 그에게는 나이 터울 있던 오빠가 있었고 오빠 역시 일제 강점기 때 감시받는 사람이라 고향 집에 내려오지 못하고 객지를 떠돌았다.

이 글에는 오빠에 대한 그리움과 소녀로서의 당시의 최

고의 선물인 '비단 구두'를 상상속에서만 기다리고 있다. 당시 비단구두는 서울의 장인들이 보름이나 꼬박 새서 만들어야 했고 가격이 쌀 한가마니 가격이었기 때문에 부자집 사람이나 가족 또는 고위 관직에 있지 않으면 평생 그런 신발은 신지 못하고 다른 신발을 신어야 했다.

그런데 비단 구두는 가죽위에 비단을 덧대어 만드는 것이고 비단 신발은 가죽을 덧대지 않고 만드는 것이다. 그런데 비단 구두는 일제 시대에만 신었던 것이 아니고 조선 시대와 그 전시대에도 양반들이 신었던 신발이다. 말하자면 신발의 역사에 있어서 가장 오래되었다고 볼 수 있다. 우리 나라와 중국은 오랫동안 비단 옷이 있었기에 비단과 가죽을 조화시켜 만들었지만 가죽 신발은 중동의 1세기 때에도 가죽 신발 유물들이 출토되고 있다.

비단 구두를 전도에 적용해보면 이 비단 구두는 교회의 담임목사 또는 선교단체의 리더들이 사용하는 신발이라고 보면 된다. 이들도 초기에는 훈련생으로 여러 신발을 신었겠지만 리더가 된 후로는 직접 복음 전선에 뛰어들지 않고 교인들 그리고 훈련생을 가르쳐야 하기 때문에 '비단 구두' 를 신고 사역에 임한다고 볼 수 있다.

즉 이 비단 구두는 리더들이 신는 신발이라 할 수 있다.

신발의 종류와 사역의 관계

신발에는 다양한 신발이 있다. 스포츠 신발을 본다면 태권도 신발, 테니스화, 축구화, 등 이 있다. 그 운동의 성격에 따라 신발의 재질을 만들었다. 또 군인의 육, 해, 공군에 따라 신발의 용도는 틀리고 일반사람도 산에 갈 때 신는 등산화가 있고 평상시의 신발이 있으며, 우기철이나 논에 갈 때는 장화를 신어야 할 것이다. 요즘은 물가에 놀러갔을 때 신는 신발도 나와있다.

만약에 용도에 맞지 않는 신발을 신는 다면 많이 힘들 것이다. 즉 용도에 맞는 신발이 이 시대에서 요구된다. 복음 전도의 신발에 있어서도 신발이 중요시되는데 사역에 따라 목회자나 선교사의 신발이 달라야 한다. 목회자나 선교사가 자신이 잘 할 줄 모르는 사역에 뛰어들었다면 문제가 있는 것이다.

예를들어 태권도를 전혀 해보지 않았고 할줄 모르는 사람이, 필리핀 사역지에서 태권도가 각광을 받는다고 생각해 태권도 사역에 뛰어들면 안되는 것이다. 또 어린이 선교가 필리핀에서 잘되는 것을 보고 어린이에게 관심없던 선교사가 뛰어들면 이것도 문제가 되는 것이다. 그리고 자신이 신학의 학위나 학문적 소양이 없는 사람이 선교지에서 신학교 사역에 뛰어든다면 이것 또한 남의 신발을 신고 다니는 것과 같다.

그런데 필리핀에는 한 선교사가 이것도 하고 저것도 하고, 다시말해 만물상 같은 사역을 하고 있는 경우가 많다.

'신발이 잘 맞는지, 안 맞는지는 상관이 없다. 남보기 좋은면 되는 것이다.'

내 신발을 신어야 한다. 다시말해 하나님이 내게 주신

신발을 신어야 하는데 남의 신발을 신고 다니니 사역이 제대로 되지 않는 것이다.

내가 제일 잘할 수 있는 것이 분명 하나님이 주신 은사이고 달란트이다. 나에게 새롭고 처음 접하는 사역은 내 신발이 아니고 남의 신발이다. 익숙한 것도 될까말까하는데 익숙하지 않는 사역은 효과적이 되지 못할 수 있다. 다시말해 자기의 사역이 아닌 것이다.

계시록 2장 10절 하반절에 "죽도록 충성하라 그리하면 생명의 면류관을 네게 주리라"고 주님이 말씀하셨는데 내가 알지 못하는 것을 위해 죽도록 충성하라는 말씀이 아니고 내가 제일 잘하는 사역을 위하여 죽도록 충성하라는 것이다.

전투화 전도와 황금 신발

　지금은 그런 생각을 갖지 않겠지만 내가 태어나던 당시에는 '남자가 태어나면 죽여라' 라는 말이 공공연하게 돌았다. 왜냐하면 우리 동네를 중심으로 해서 전방 지역에는 수많은 군인들의 죽음을 보았기 때문이다.

　당시에는 우물을 파서 물을 먹던 시절인데 물을 마시려고 땅을 파니, 시체가 있어서 땅을 덮어야만 했던 시절이다. 즉 군인의 전투화는 목숨을 건 자들만이 신을 수 있는 신발이다. 사병은 3년, 장교는 7년이나 장기적으로 근무를 한다. 그동안은 전투화를 신어야 한다.

복음의 신에서 '전투화는 무엇인가?' 그것은 복음을 위하여 목숨을 거는 것이다. 지난 날 주님을 위하여 목숨 걸고 전도하다가 순교한 사람들은 바로 '복음의 전투화' 를 신은 사람들이다. 복음의 전투화를 신고 생명을 다한 사람들에게 신겨주시는 것이 '황금의 복음신발' 일 것이다.

우리는 이 황금의 복음 신발을 신기위해 생명바쳐 전도하는 것이 아니다. 다만 성도로써의 의무, 영혼 구원을 위하여 목숨바쳐 일하면 하나님께서 거저 주시는 은혜로 이 신발을 신게 되는 것이다. 하나님께 보상을 받기 위하여 일한다면 하나님과 거래하는 것이다. 우리는 최선을 다해 복음만 증거하면 되는 것이다.

네가 죽도록 충성하라 그리하면 내가 생명의 관을 네게 주리라(계2:10).

09장

성경의 황금 신발을 신은 사람들

바울의 평안의 복음이 준비한 신발

에베소서는 바울이 옥중에서 쓴 서신서인데, 6장 15절에 "평안의 복음이 준비한 신"에 대하여 말하고 있다. 나의 영적인 황금 신발의 개념도 이 바울의 말씀에 근거하여 나오게 되었다. 바울은 당시 로마 군사들과 그들이 신은 전투화를 보게 되었을 것이다. 그 신발을 보면서 '복음의 신발'과 연결했다.

로마군사들이 신은 신발은 동과 주석으로 섞어놓은 놋으로 만든 신발이고 발을 덮는 부분과 정강이 받이가 있다. 신발 윗부분은 부드러운 놋으로 그리고 가죽끈으로 연결되어 있다. 바울은 당시의 로마병사의 신발과 연결시킨 것이다.

그런데 로마 군사의 신발을 생각하면서 '평안의 복음의 신발'을 말하고 있다. 전쟁에 나가는 군사가 집안 걱정을 한다면 싸움에서 승리할 수가 없다. 그런데 바울은 영적전투장에 나가는 그리스도의 군사들에게 '평강의 복음의 신발'에 대해서 말한다.

즉 마귀와의 싸움에서 우리는 평강이 있어야 한다는 말이다. 다시말해 그리스도인들은 평강의 복음의 신발을 신지 못한다면 남을 전도하는 일, 영혼을 구원하는 일은 힘들 것이다. 주님의 평강이 있는자들만이 영적 전투장에서 승리를 할 수 있다.

바울은 이미 영적 경험이 많은 사도였다. 주님을 처음 만났을 때에 다메섹 도상에서의 영적 체험 그리고 아라비아 광야에서의 3년간의 신령한 세계의 체험 또 삼층천의 경험 등 보통 사도들이 경험하지 못한 세계를 경험했던 사도이다.

그래서 에베소서 6장 10절부터는 마귀와 싸울 때, '하나님의 전신갑주, 진리로 너희 허리 띠, 의의 호심경, 평안의 복음이 준비한 신, 믿음의 방패, 구원의 투구, 성령의 검' 등에 대하여 말하고 있다. 바울은 마귀와 싸움을 하는 우리들을 위하여 이렇게 영적인 것으로 묘사를 하고 있다. 필자는 바울의 말씀을 근거하여 황금의 신발을 묘사하고 있다.

바울은 예수를 만난 후에는 모든 것이 변했다. 그의 일생에 3차 전도 여행을 하면서 많은 영혼들에게 복음을 증거했다. 신발이 닳으면 또 사신고 복음의 전선을 향해 나갔다. 당시는 보통 걷는 때이니 바울의 발과 신발이 남아나지 않았을 것이다.

아마 당시의 복음을 전하던 바울의 발바닥과 신발을 볼 수만 있다면 오늘날의 그리스도인들은 눈물없이는 보지 못할 것이다. 주를 위하여 산다는 것, 주를 위하여 전도하며 선교한다는 것은 자기 몸을 불사르는 것이다.

바울은 발바닥과 신발이 자기의 사명이 다하자 순교를

당했다. 주님을 위하여 남길 것이 없는 촛불이 되어버린 것이다. 나머지 까지도 촛불처럼, 활활 주님을 위하여 불 살랐던 것이다. 바울을 보면서 훗 날 하나님이 우리를 심판하실 때, 우리의 발바닥과 신발 해진 것을 보고 판단하실 것 같다.

좋은 소식을 전하며 평화를 공포하며 복된 좋은 소식을 가져오며 구원을 공포하며 시온을 향하여 이르기를 네 하나님이 통치하신다 하는 자의 산을 넘는 발이 어찌 그리 아름다운가(사52:7).

주님을 위하여 결혼도 하지 않고 일평생을 걸어다니며 복음을 증거한 사도바울의 발은 황금 신발이 신겨져 있을 것이다.

예수님의 제자들의 복음의 신발

　　예수님의 제자들은 모두다 자기 스스로 예수의 제자되고자 온 사람이 없었다. 주님이 부르셨기에 주님의 제자가 되었던 것이다. 자기 의지는 없었기 때문에 하나님께 무조건 감사할 것 밖에 없다. 그들이 하늘나라에 입성했다해도 자기들의 공로로 하늘나라에 간 것이 아니요 주님의 무조건적인 선택과 예정과 구원하셨기에 그들은 오직 주님께 영원히 영원토록 영광을 돌릴 뿐이다.

　　그런데 제자들이 전도하던 시절은 2천년전이고 예수님이나 제자들이 가난했기에 당시에 말은 있어도 그냥 걸어 다닐 수밖에 없었다. 전도하느라 젊은 제자들이 고생을 많이 했다. 배가 고파 굶은 적도 있고, 잠은 전도하다 머무는 곳이 바로 숙소가 되었다.

예수님의 공생애 3년간 주님과 같이 산과 들과 강을 다니며 복음을 증거했다. 어느 곳에서는 예수님과 함께 환대를 받았지만 어느 곳에서는 문전 박대를 당하기도 했다. 이들은 세상을 목적으로 주님을 따라다니며 전도한 것이 아니라 오직 하늘나라, 그 영광의 나라를 바라보며 발이 부르트도록 전도를 했다.

그들이 유대 땅을 돌아다니며 머문 자리마다 하나님은 기억하고 계실 것이다. 그들이 주님을 위하여 전도한 그 발걸음마다 하나님은 지켜보고 계셨을 것이다. 그들의 아름다운 전도의 발위에 하나님은 '황금 신발'로 보상을 하실 것이다. 우리 또한 예수님의 제자이니 주님 제자들을 본받아서 우리의 발바닥과 신발이 해지도록 전도를 해야 할 것이다.

그러므로 너희는 가서 모든 민족을 제자로 삼아 아버지와 아들과 성령의 이름으로 세례를 베풀고 내가 너희에게 분부한 모든 것을 가르쳐 지키게 하라 볼지어다 내가 세상 끝날까지 너희와 항상 함께 있으리라 하시니라(마28:19-20).

도마가 복음의 신발을 신고, 인도와 한국 전도

도마는 우리가 잘 아는대로 예수님의 열두 제자이며 '의심많은 제자' 로 표현되고 있다. 그래서 우리가 종종 의심많은 사람을 향하여 '도마와 같다' 라고 말을 한다. 그런데 이 의심많던 제자가 지금으로부터 2천년전에 한국으로 복음을 증거하러 왔다는 역사적 유물이 있다.

특별히 예수님이 죽은지 3일만에 보지 못했지만 나중에는 부활의 주님을 만나게 되었다. 이제는 제대로된 부활신앙을 가지게 되었다. 우리의 '정경' 에서는 도마에 대하여 자세히 나타나지 않지만 '외경' 에서는 도마에 대한 기록이 많이 있다. 성경의 '정경' 에 속하지는 않지만 도마에 관한 역사서로서 참고하는 정도로 하면 될 것이다.

사도 도마의 한국 김해의 사건이 도마행전 51-58장에 기록된 것으로 보고 있고, 도마는 가야국에서 김수로왕과 함께 성을 쌓았고 AD 42년 도마가 한국에 왔는데 후한 광무제 18년이다. 그리고 AD 48년에 인도의 허왕후가 도착했다. 가야시대의 유적 김해시 대성동 고분(91호)에서 로만글라스가 출토되었다. 또 경주의 황남대총에서도 출토된 '로만글라스'는 1세기 이스라엘에서 만든 것으로 도마가 가져온 것으로 보고 있다.

도마는 허왕옥(33-89년)이 가락국의 초대 왕인 김수로왕과 결혼하기 위하여 한국에 왔을 때 같이 왔다고 알려져 있다. 특히 경북 경주시 평은면 왕유동에는 히브리어로 '도마' 라고 기록이 되어있다. 도마는 AD 42-47년간 머무르면서 세례를 주고 인도로 돌아갔고 인도에서 복음을 증거했고 허왕옥은 도마에 의해 기독교인이 되었고 도마가 중매했으며 AD48 가야국에 올 때 같이 들어왔다.

그리고 가야국은 도마와 인도의 공주 허왕옥으로 인해

기독교 국가가 되었다. 역사적인 유물들이 많이 나와서 그 사실을 뒷받침하고 있다. 그리고 AD 50년에 예루살렘 사도회의에 참석하고 AD 50년에 인도의 서남부 캐럴라 주에서 선교하다가 AD 72년에 인도의 첸나이에서 창에 찔려 순교했다고 전해지고 있다.

주님의 부활을 의심했던 사도 도마, 그러나 부활의 주님을 확인하고 나서는 주님의 복음을 전하기 위해서 인도에 갔다가 당시 인도와 가야국에 교류가 있는 것을 알고 머나먼 인도에서 배를 타고 한국의 가야국까지와서 김수로왕을 도왔고 나중에는 아유타국의 공주를 중매해 한국으로 모셔오고 김수로왕의 왕비가 되었으며 가야국을 기독교의 나라로 만드는데 최선을 다했다.

1세기 가야시대의 많은 유물에서 기독교적 물건들이 출토되었다. 인도의 허왕옥의 자손들은 김해김씨, 김해 허씨, 인천 이씨이다. 그리고 허왕옥으로부터 내려오는 왕손이 지금 인도에 살고 있다고 한다.

예수님의 제자 중 한사람, 사도 도마가 인도를 거쳐, 동방의 해가 뜨는 가야국을 찾아 머나먼 뱃길을 왔다. 그것은 다름이 아니요 "오직 성령이 너희에게 임하시면 너희가 권능을 받고 예루살렘과 온 유대와 사마리아 땅 끝까지 이르러 내증인이 되리라"는 이 말씀때문이었다.

도마는 몸이 부서지도록 땅 끝 인도와 한국까지 복음의 증인이 되었고, 한국의 가야국 전체가 기독교 국가로 만들었다. 이런 역사적 자료는 이미 증명이 되고 있다. 예수님의 제자 한 사람이 이렇게 복음 전도를 한 것을 보고 도마의 선교 승리이기도 하지만, 이것은 하나님의 승리이다.

이렇게 자기 생명을 아끼지 않고 인도에서 전도하다가 '힌두교'의 공격으로 순교를 했는데 '산을 넘고 강을 너머' 수고한 사도 도마에게 하나님께서는 전도의 '황금 신발'을 신겨주실 것이다.

그러므로 너희는 가서 모든 민족을 제자로 삼아 아버지와 아들과 성령의 이름으로 세례를 베풀고 내가 너희에게 분부한 모든 것을 가르쳐 지키게 하라 볼지어다 내가 세상 끝날까지 너희와 항상 함께 있으리라 하시니라 (마28:19-20).

10장

종교개혁자들의 황금의 복음 신발

루터의 종교개혁의 신발

루터는 젊은 날 친구가 벼락을 맞아 죽는 것을 목격하고 '만일 내가 죽는다면 하나님 심판대 앞에 설 준비가 되었나?' 생각하고 수도사의 길을 걷기 시작했다. 즉 루터는 원래 천주교 사제였다. 그는 천주교에 몸담고 있었지만 당시의 교리에 대하여 많은 갈등을 했다. 당시 교리는 '행위'를 강조했다. 물론 그것은 지금까지도 이어오는 것이지만, 또 한번은 성지순례 길에 무릎을 꿇고 '28개의 성계단'을 오르기 시작했다. 이것은 예수님께서 총독 빌라도에게 재판을 받기위해 오르셨던 총독관저에 있던 28개의 계단을 콘스탄티누스 황제의 어머니 헬레나가 옮겨온 것이다. 당시에 이 계단을 오르면 죄사함을 받는다고 했다.

그래서 루터도 무릎으로 이 계단을 오르고 있었는데, 마음 속에 '결코 이런 행위로는 구원을 얻을 수 없다' 라고 결론을 내렸다. 왜냐하면 로마서 1장 17절의 말씀이 생각 났기 때문이다. "복음에는 하나님의 의가 나타나서 믿음으로 믿음에 이르게 하나니 기록된 바 오직 의인은 믿음으로 말미암아 살리라 함과 같으니라."

루터는 지금까지의 천주교의 행위로 인한 구원이 잘못된 것을 깨달았다. 분명 성경은 "의인은 믿음으로 산다"라는 말씀이 있기 때문이다. 루터가 종교 암흑기에서 생명의 빛을 하나 발견하게 된 것이다. 당시 천주교 안에서도 약간의 개혁의 조짐이 있었으나 묻혀졌고 루터가 생명을 걸고 종교 개혁의 촛불을 들게 되었다. 오늘날도 인간의 행위로 말미암아 구원에 이른다고 주장하는 교파가 있다면 아직도 종교개혁전의 천주교를 따라가고 있음을 알아야 한다.

루터는 당시에 교황과 천주교회가 베드로 성당을 짓기 위해 고안해낸 것이 '면죄부' 제도이다. 즉 이 땅에서 헌금을 하면 헌금통에서 "짤랑하는 소리와 동시에 연옥에 있던 영혼이 구원을 받는다"등 감언이설로 신도를 속이고 면죄부 판매를 열중하였다.

　루터의 교인들도 면죄부 판매 부흥회에 참석하고는 면죄부를 사오기도 했다. 그것을 읽는 루터는 너무나 비성경적인 사실을, 1517년 '비텐베르크' 교회문에 '95개의 반박문' 을 게시했고, 또 당시의 인쇄술이 발달되어 이 사실이 급속도로 퍼져 많은 사람들이 알게되었다.

　교황과 천주교회와 정면 충돌하는 외로운 루터의 혼자만의 '자기 발차기' 였다. 그러나 나중에는 자기 혼자의 발차기가 아닌 '성령님의 발차기' 였으며 외롭게 투쟁하는 루터에게 '믿음의 황금 신발' 을 하나님께서 허락하시니 루터는 조금도 두려워하지 않았다. '아무리 많은 마귀권세들이 나를 짓밟으려해도 내 뒤에는 천군천사와 주님이 도와주신다는 것' 을 루터는 굳게 믿고 있었다.

　오늘날 까지도 루터는 천주교회에서는 이단자라고 불릴지라도 하나님편에서는 위대한 승리자이며 사탄의 권

세와 대적한 믿음의 사람이요 종교개혁자이다. 그를 통해
기독교가 다시금 부활하게 되었다.

내주는 강한 성이요 방패와 병기 되시니 큰 환난에서 우리를 구하려 내시리로
다 옛 원수 마귀는 이 때도 힘을써 모략과 권세로 무기를 삼으니 천하에 누가
당하랴(새찬송가 585장, 마틴루터 작품)

칼빈의 종교개혁의 신발

루터는 먼저 종교개혁의 선봉장에 섰고 칼빈은 2번째 종교개혁자이다. 루터나 칼빈은 동시대의 인물이며 루터는 독일, 칼빈은 프랑스 사람이다. 당시 프로테스탄 신앙을 가진 사람은 목숨을 걸고 다녀야 했다. 신앙을 지키기 위해서는 모든 것을 다 내놓아야하는 때였다.

칼빈은 개신교 신앙의 기초가 되는 '그리스도교 강요'라는 책을 1536년에 발간을 했다. 이 책은 천주교의 가르침을 반박하고 믿음의 기초인 하나님의 주권을 옹호했다. 나중에 칼빈은 스위스에 정착을 했고 그 곳에서 종교개혁의 깃발을 휘날렸다.

칼빈은 제네바를 믿음의 도시로 만들었고, 개신교 신앙을 가지고 있던 사람들이 망명해와서 당시에 제네바 인구가 두 배로 늘었다고 한다. 결과적으로는 제네바는 경제적으로도 활성화가 되었고 인쇄업과 시계 산업의 중심지가 되었다.

종교개혁이 일어나자 저마다 천주교, 루터파, 칼빈파로 나뉘어져 자기가 지지하는 쪽이 승리하기를 바랐다. 종교개혁자 루터나 칼빈도 신앙적 교리가 일치하지는 않았다. 다만 천주교를 배격하는데 있어서는 하나가 되었다.

우선 칼빈에게 있어서는 제일 두드러진 교리가 '예정론'이다. 이미 하나님께서는 우리의 인생사와 천국에 갈 사람, 지옥에 갈 사람이 다 예정되어있다고 주장을 한다. 이것이 칼빈의 예정론으로서 오늘날 개혁교회가 표방하고 있는 교리이다. 칼빈은 제네바에서 이 교리로 신정통치를 했다.

그런데 이 예정론은 칼빈의 중요 교리이기도 하지만 실상 성경은 '예정론'을 말하고 있음을 기억해야 할 것이다.

모든 것이 하나님의 뜻이 없는 것이 없고, 모든 것이 하나님의 섭리가 없는 것이 없다. 모든 것은 하나님의 예정 속에서 하나님께서 일을 진행하시는 것이다.

인간이 세상에서 결정할 수 있는 일은 아무것도 없다. 그분이 이땅에 보내서서 왔고 또 그분이 부르시면 손을 털고 갈 수밖에 없는 존재가 바로 우리이다. '예정론'은 칼빈의 교리 이전에 이미 하나님의 말씀임을 분명히 알아야 한다.

에베소서 1장 4절에서 5절에 "곧 창세 전에 그리스도 안에서 우리를 택하사 우리로 사랑 안에서 그 앞에 거룩하고 흠이없게 하시려고 그 기쁘신 뜻대로 우리를 예정하사 예수 그리스도로 말미암아 자기의 아들들이 되게 하셨으니"라고 말씀하고 있다.

그리고 수많은 하나님의 말씀에 '예정'을 말하고 '선택'을 말하고 있다. 우리는 더 이상의 논쟁이 필요없는 것이다. 신앙인이 이 푯대를 잊어버리면 길 잃고 헤메이는 자가 될 것이다. 특별히 하나님께서 종교개혁자 칼빈을 이

땅에 보내주셔서 길 잃고 방황하는 자들에게 다시금 성경 말씀으로 깨닫게 해주심을 감사드린다.

　500년전의 칼빈은 하나님께서 종교개혁을 하라고 이땅에 보내주신 하나님의 사람이다. 당시 천주교의 그늘에서 인간 교황이 하나님을 대신하던 때에 바른 진리를 전파했던 칼빈이다. 칼빈의 예정론은 비진리로 가득한 중세시대 사람들에게 빛이되고 소망이 되었다. 산을 넘고 강을 건너 그리스도의 바른 진리를 전하는 그의 발은 진정 아름다운 발이었고, 천사도 흠모하는 발이라 생각하며 하나님께서는 그의 고생한 발에 '바른 진리의 황금 신발'을 신겨주었으리라

죽도록 충성하라 그리하면 내가 생명의 관을 네게 주리라(계2:10).

내주는 강한 성이요 방패와 병기 되시니 큰 환난에서 우리를 구하려 내시리로다 옛 원수 마귀는 이 때도 힘을써 모략과 권세로 무기를 삼으니 천하에 누가 당하랴(새찬송가 585장 마틴루터 작품)

11장

세계선교사역의 '황금 신발'을 신은 사람들

현대선교의 아버지
윌리암캐리의 복음의 신발

　　그는 1793년 인도에 도착한 후에 수 많은 언어로 성경을 번역했다. 그가 인생을 끝마칠 때 6개의 언어로 성경 전권을 출판하였고 23개의 신약성경과 기타 10개의 다른 언어로 성경의 일부를 번역했다. 지금도 케리가 번역한 힌디성경은 많은 인도 신자들이 애용하는 성경이다.

　　그가 인도에서 한 일은 아이들을 제물로 바치는 일을 금지하는 법을 만들어서 갠지스강에 바치지 못하게 1804년에 제정했고, 또 남자들이 죽으면 여자들도 같이 태워죽였는데 1829년에 법으로 제정해서 그런 일이 없도록 했다. 이와비슷한 순장제도는 한국에서도 있었다. 정말 기가 막힌 일이 아닐 수 없다.

그는 성경을 번역하여 자기 나라말로 성경을 읽게했고 수많은 교회들이 인도에 생겨나게 되었다. 오늘날의 인도 교회의 발전을 하나님께서 하셨고 윌리암케리는 그분의 사역에 복종했던 것이다. 그리고 '세람포르' 대학교를 세 워 인재양성을 위하여 헌신했다. 그리고 복음성가를 만들 어 전도에 집중을 했다. 또 인쇄기를 수입해서 처음으로 인도 신문을 만들었고 그것을 통해 전도를 했다. 또 은행 을 만들어 인도 경제가 활성화되도록 했다.

윌리암 케리(1761-1834)는 수많은 일을 인도에서 행했 다. 그것은 자신을 위해서가 아니고 미신과 불신앙으로 가 득찬 인도의 백성들을 위해서였다. 그는 단순한 기독교선 교사이기 이전에 인도의 모든 사람들을 위하여 유익한 일 을 행했던 훌륭한 선교사였다.

인도의 '세람포르' 대학 근처에 윌리암케리와 또 그의 아내와 아들의 무덤이 있다. 인도 사람보다도 더 인도를 사랑했던 그가 고향 땅에 묻히지 않고 평생을 선교했던 인도에 묻힌 것이다. 비록 구두 수선공이고 배운 것이 없었지만 독학으로 공부해 여러 언어를 습득하고 인도 선교에 헌신한 그는 현대선교의 문을 여는 '현대선교의 아버지'가 되었던 것이다.

모든 일에는 시작하는 자가 있는 것이다. 윌리암 케리는 자신이 생각할 때는 모든 것이 부족해 머뭇거렸지만 그를 사용하시는 하나님이 계셨던 것이다. 그의 젊은 날 영국교회는 아직 현대 선교가 무엇인지도 모르고 아직 활성화가 되지 않았던 시절이다. 그 때 윌리암 케리는 하나님의 소명을 받고 인도 선교에 뛰어들게 되었던 것이다.

미신과 문맹으로 가득한 나라에, 한 알의 밀알이 되기 위해서 영국에서 인도로 복음의 황금 신발을 신고간 윌리암 케리, 하늘의 별과 같이 빛 날 것이다.

지혜 있는 자는 궁창의 빛과 같이 빛날 것이요 많은 사람을 옳은데로 돌아오게 한 자는 별과 같이 영원토록 빛나리라(단12:3).

한국교회의 최초의 순교자 토마스 선교사의 복음의 신발

　그는 영국의 웨일즈의 어느 목사님 가정에서 1840년 출생했다. 그는 런던대학에서 신학을 공부하고 1863년 6월 고향인 웨일즈 하노버교회에서 목사 안수를 받았고, 8월에 런던선교회의 파송을 받아 신혼의 아내 게롤라인과 함께 중국 상하이로 떠났다. 그러나 부인은 5개월의 항해 끝에 상해에 도착했지만 병으로 곧 사망하게 되었다.

　토마스 선교사의 강력한 후원자이며 의지가 되었던 아내의 죽음은 그로하여금 깊은 시름에 빠지게 한다. 토마스 선교사의 나이는 이제 23세였다. 그런데 상해주재 책임자인 선교사와 불화까지 겹쳐 선교사직을 사임하고 산동성으로 가서, 청나라 해상 세관의 통역일을 했다.

그는 조선 땅 백령도를 중심으로 서해 도서지방에 한문 성경을 나누어주었다. 1866년 1월 그는 만주를 거쳐 북경으로 돌아갔고, 이때 잠시 영어 교사를 했다. 그러던 중 미국 상선 '제너럴 셔먼호'가 한국을 향해 간다는 사실을 알게 되었다. 이 배가 바로 토마스 선교사의 운명의 배였다. 그는 통역관으로 이 배에 탈 수 있었다.

이 배는 대동강에 그해 8월 16일 최초로 진입해 통상을 요구했으나 거절을 당하자 만경대에 머물며 조선 관리 이현익을 납치하고 군민들이 몰려들자 이 배는 총과 대포를 발사해 민간인들이 죽고 부상을 당했다. 그래서 싸움은 시작되었고 상선은 지고 말았다. 그 배안에는 미국인 3명, 영국인 2명이 있었다. 그중에 하나가 토마스 선교사이다. 그리고 중국인 13명 말레이인 3명이었다.

배에 탔던 사람, 전원 사망하게 되었다. 토마스는 끌려나오는 순간에도 사람들과 군인들에게 한문 성경을 나누어주었다. 토마스 선교사는 선교보다는 죽으러 조선 땅에

온 것이다. 대동강변에서 순교를 했다. 그가 순교를 당할 때 자기를 칼로베는 '박춘권' 병사에게 성경을 나누어주었고 훗 날에 그가 그 성경을 읽고 회심하여 기독교인이 되었다.

결코 하나님은 순교자의 피를 외면하시지 않는다. 그가 머나먼 땅 영국에서 선교사로 파송받아 상해를 거쳐 조선 땅 대동강변에서 순교할 때 꽃다운 27세 아름다운 청년이었다. 아내도 선교를 위한 길을 떠나 임지에 도착하자 마자 죽어 하늘나라에 갔고 토마스 선교사도 결국은 조선인의 칼에 목이 달아났다.

토마스 선교사를 칼로 목을 벤 박춘권은 평안도 안주교회의 영수가 되었다. 세월이 지나 조선이 개화되고 평양에 '마펫' 선교사가 들어왔다. 그는 자기가 평양에 최초의 선교사인줄 알았는데 알고보니 그가 바로 토마스 선교사였다. 그래서 무릎을 꿇고 "주여! 토마스 선교사의 순교의 피가 헛되지 않게 하옵소서!' 라고 기도를 했다.

토마스는 닫혔던 조선 선교의 물꼬를 튼 인물이었다.

아무도 걸어가보지 않는 조선의 문 닫힌, 땅을 향하여 최초로 복음의 신발을 신고, 순교의 피를 흘린 하나님의 사람이었다. 그의 걷는 걸음마다 피가 범벅이 되었고 순교의 피를 아낌없이 흘린 아름다운 발의 소유자 토마스 선교사, 죽는 순간에도 외롭지 않았을 것이다. 이미 3년전에 복음을 들고 상해까지 와서 주를 위해 목숨바친 아내가 하늘나라에서 기다리고 있었기 때문이다. 토마스 아내의 주님을 향한 그 발걸음은 참으로 아름다운 발걸음이며 하나님께서 아름다운 황금 신발로 그녀의 발에 신기우실 것이다.

이 복음의 황금 신발은 주님을 위하여 생명바친 이들에게 주시는 귀한 선물임을 믿는다.

네가 죽도록 충성하라 그리하면 내가 생명의 관을 네게 주리라(계2:10).

옥한흠목사의 제자훈련의 신발

이 분의 이름을 기억하지 못하는 분은 없고 한국 교회와 세계교회에서는 '제자훈련'의 대가로 소문이 나있다. 1984년도에 출간된 '평신도를 깨운다'는 제자훈련 사역의 결정체가 될 것이다. 옥목사님의 목회철학은 첫째는 '평신도를 훈련시켜 그 인격을 예수님를 닮도록 하는 것' 둘째는 '평신도를 훈련시켜 예수님의 사역을 계승하는 소명자로 만드는 것'이다.

그가 생전에 평신도를 통해서 전부 예수님의 제자로 만들려고 그의 일생을 헌신했다. 그의 생전까지는 부작용이 없었는데 그가 소천한 후, 제자훈련 무용론까지 나오고 있는 상황이다. 옥한흠목사님까지는 제자훈련이 되었는데, 그 나중이 문제가 되었던 것이다.

그러고 보면 제자훈련이라는 것은 하나님께서 옥한흠 목사님에게 주시는 특별한 은사, 달란트인지 모르겠다. 남이 한다고 따라서는 안되고, 우리에게도 옥목사님같은 '제자훈련'의 특별한 달란트가 있어야만 하는 것은 아닐까?

제자훈련도 하나님이 주셔야 하는 것이지, 남이 성공한 케이스라고 함부로 모방을 하다가는 큰 실수를 할 수가 있다. 평신도 제자 삼는 사역을 한다면서, 예수님의 제자를 만드는 것이 아니라, 자기의 제자들을 만들어서, 자기가 궁할 때 사용을 한다면 그것은 제자 훈련이 아니고, 자기 밥그릇을 만드는 것이 아닌가?

그래서 제자훈련의 무용론이 나오는 것이다. 자기에게 주신 달란트를 잘 살펴보고 주님의 뜻을 이뤄드려야 한다. 제자훈련은 '내가 하고 싶다고 해서 되는 것이 아니라' 옥 목사님 수준에 이르는 사람이 하나님의 명령에 의해 행할 수 있어야 한다. 자기 자신도 예수님의 제자가 못되면서 남보고 예수님의 제자가 되라는 것은 말이 되지 않는다.

이때쯤해서 일생을 평신도를 제자로 삼아 사역을 했던, 제자훈련의 대가, 옥한흠 목사가 그리운 때이다. 그의 일생은 평신도를 통해 쉬지 않는 제자훈련의 발걸음, 복음의 신발이 해지도록 사역을 했던 하나님의 종이다. 그의 희생은 하나님께서 황금 신발로 보상할 것이다.

내가 진실로 진실로 너희에게 이르노니 한 알의 밀이 땅에 떨어져 죽지 아니하면 한 알 그대로 있고 죽으면 많은 열매를 맺느니라(요12:24).

이동휘 목사의 선교의 신발

한국이 낳은 세계적인 선교가이다. 그의 모든 목회의 촛점은 선교에 있다. 한 사람의 영향력으로 이렇게 놀라운 선교의 기적은 역사이래로 볼 수 없을 것이다. 그러나 그에게는 따로 선교전략이 있는 것이 아니고 하나님이 주신 선교전략만 있었다.

하나님의 뜻에 따라 선교했더니 이런 결과를 가져왔던 것이다. 만약 이동휘목사님이 어떤 선교전략을 가지고 일을 진행했다면 그것은 이동휘목사의 선교전략이며 그것은 하나님의 선교전략이 아닌 것이다.

선교에 불타는 마음, 이것은 하나님이 이동휘 목사님에게 주시는 마음이었다. 눈을 떠도 선교, 잠을 자도 선교, 이것은 주님의 마음이다. '하나님의 마음'이 아닌 선교는 선교가 아니고, 자기 마음일 뿐이다.

이동휘목사님은 하나님의 마음을 그대로 실천에 옮긴 하나님의 종이다. 그가 선교를 위하여 헌신했던 복음의 신발 정말 아름답고 귀하며 그가 세상의 복음의 신발을 더 이상 신을 수 없고, 주님 앞에 섰을 때, "잘했다." 칭찬하시며 복음 전도에 최선의 발걸음을 다한 발위에 황금 신발을 신겨주실 것을 믿는다.

그 주인이 이르되 잘하였도다 착하고 충성된 종아 네가 적은 일에 충성하였으매 내가 많은 것을 네게 맡기리니 네 주인의 즐거움에 참여 할지어다 하고(마 25:21).

변희관목사의 제자훈련의 신발

　나의 멘토이신 변희관 목사님, 나의 젊은 날 3사관학교 교목이신 목사님으로부터 주의 복음을 듣고, 나의 본분인 사관학교를 잘 졸업하고 군대에서 성공하려는 것이 아니라 1학년때 복음을 받아드리고 예수를 나의 개인의 구주로 영접하고는 전도에 미쳐서 살았다.

　그분은 이미 제자훈련의 많은 경험을 가지고 사관생도들에게 제자양육을 잘 가르치셨다. 그분이 아니었다면 오늘에 나는 없었을 것이다. 그분을 만나기 위해 하나님께서는 사관학교로 나를 인도하시고 마치 물을 만난 고기처럼 내 영혼의 만족감을 얻었다.

나는 멘토이신 변목사님을 열심히 따라다녔고 아직도 교류를 하고 있다. 사람이 맺어준 인연이라면 끝이 날 수도 있지만 하나님이 맺어주신 스승과 제자이기에 세상 다하는 날까지 변함없으리라 믿는다.

군목으로 예편하신 후에 부산에 가서서 제자를 양육해 많은 영혼들이 예수의 제자가 되어 하나님께 영광을 돌리는 모습을 볼 수가 있다. 하나님께서 만세전에 변목사님을 택하여 주의 종으로 삼으시고 특별히 제자훈련의 은사를 주시어서 수 많은 제자들을 길러내셨다. 그중에 하나가 바로 필자이다.

사람을 의지하지 않고 오직 하늘의 하나님만 의지하고 사역하시는 멘토 위에 하나님의 은총이 영원히 함께 하실 것이다. 또한 평생의 제자훈련의 발 위에 황금의 신발을 신겨 주시리라.

그러므로 너희는 가서 모든 민족을 제자로 삼아 아버지와 아들과 성령의 이름으로 세례를 베풀고 내가 너희에게 분부한 모든 것을 가르쳐 지키게 하라 볼지어다 내가 세상 끝날까지 너희와 항상 함께 있으리라 하시니라(마28:19-20).

이상덕 선교사의 태권도 선교의 신발

예수를 영접한 후 나는 열심히 제자삼는 일에 헌신했고 국내에서 천명까지 전도를 하자 하나님께서는 나를 필리핀 땅으로 보내셨다. 나는 신학을 공부한 목회자도 아니고 당시에 평신도 선교사로 왔다. 태권도 평신도 사역자였다.

내가 오고 싶어 온 것도 아니고 하나님께서 나를 이곳으로 오게하신 것이다. 내 인생을 내 마음대로 할 수 있는 것이 아니고 하나님이 인도하신 것이다. 가만히 생각해보니 첫 번째 저서가 '상덕아 내 계명을 지켜라'고 두 번째 책이 '이상덕 선교사의 성령의 발차기'이고 세 번째가 '이상덕 선교사의 황금 신발을 신어라'인데 즉 하나님의 계명을 지켜 필리핀에 와서 태권도 사역에 임하니 하나님께서 성령의 발차기를 하게 하셨고 다음은 선교하는 나의 발에 황금 신발을 신겨주신 것이다.

다 선교하고 밀접한 관계가 있다. 분명 하나님은 우리의 전도하는 발을 축복하시며 그발은 자신의 발이 아닌 하나님께서 인도하시는 성령의 발차기인 것이다. 그리고 성령의 발차기를 통해 앞으로 나아가는 자들의 발 위에 황금 신발을 신겨주신다.

분명 하나님은 전도하는 발걸음 위에 놀라운 하늘의 축복을 해주실 것을 믿는다. 나는 한 평생 복음전도를 위하여 살았다. 선교지에서 사랑하는 아내도 사역을 하던 중 잃었다. 그렇다고 그 자리에 머물러 있었던 것이 아니라 저 하늘의 계신 주님을 바라보며 달려왔다.

만약 내게 영적인 황금 신발이 신겨져있다면 그 황금이 다 닳도록 뛰어다니며, 복음을 증거할 것이다. 비록 나는 할 수 없지만 하나님은 가능하시고 기적을 이루실줄 믿는다.

예수께서 이르시되 할 수 있거든이 무슨 말이냐 믿는 자에게는 능히 하지 못할 일이 없느니라 하시니(막9:23).

12장

전도의 발통과 성령의 역사

외발 자전거

전도의 발통에 있어서, 외발 자전거가 있는데 이것은 외롭게 혼자 타는것이다. 예전의 서커스에서 외발 자전거를 타는 사람을 본적이 있을 것이다. 외발 하나로 자전거를 조종하면서 가야하는 것이기 때문에 외롭고 힘이 든다.

신앙생활 처음 할 때나 불신자의 가정에서 기독교의 가정으로 전환한 사람들은 외롭게 신앙생활을 한다. 누가 나를 도와줄 사람이 없다. 혼자 기도하고 혼자 응답받고 신앙의 가시밭 길을 외롭게 가는 것이다.

그러나 중요한 것은 외발 자전거를 묘기를 부리면서 세

상을 헤쳐나가는 것 같지만 외발 자전거를 타는 그 심령을 귀히 보시며 천군천사와 하나님이 보호하시며 성령께서 늘 함께하시기에 승리할 수 있고 외발 자전거가 목표하는 지점까지 무사히 도착할 수 있다.

우리 중에 혹시 서커스의 묘기 같이 외로운 외발 자전거를 타고 계신분이 있다면 조금만 참고 견디면 분명 좋은 일이 기다리고 있을 것이다.

두발 자전거

한번은 환상중에 보니 내가 두발 자전거 핸들 위에서 묘기를 부리며 가고 있었다. 그러나 결코 넘어지지 않았다. 나의 신앙이 외발 자전거를 탄 것보다는 나으나 이 역시 나혼자 기도하면서 세상의 험한 길을 헤쳐나가는 것이다.

이 자전거도 하나님이 도와주시지 않으면 교통사고가 날 수 있고, 죽을 수도 있다. 자전거를 타며 묘기부리는 나를 성령님께서는 지켜주시고 보호하고 계셨다. 신앙의 두발 자전거 역시 하나님의 돌봐주심이 있고 성령님께서 자전거의 가는 길을 인도하고 계신다.

홀로 산악지역을 지나갈지라도 염려하지 말아야 하는 것은 자전거의 핸들을 주님이 붙잡아 주시기 때문이다. 외발 자전거와 마찬가지로 두발 자전거도 주님이 돌봐주고 계신다.

내가 너희에게 분부한 모든 것을 가르쳐 지키게 하라 볼지어다 내가 세상 끝날까지 너희와 항상 함께 있으리라 하시니라(마28:20).

오토바이

이것은 두사람 이상이 탈 수 있다. 언젠가 환상중에 필자가 어느교회 설교 초청받아서 갔는데 교회 앞에 오토바이가 서 있었다. 그런데 그 오토바이는 저절로 서 있었고 시동이 걸려있었다. 참으로 신기한 일이었다.

'어떻게 그냥 서있는 것일까?

이 오토바이를 보면서 깨달은 것은 '두 세 사람이 합심하여 기도하면 기적과 역사는 일어난다는 것이다.'

오토바이는 외발 자전거보다 두발 자전거보다 더 효과

적인 복음 사역을 전개할 수 있다. 나의 복음의 발통이 점점 성장하고 바뀌어지는 모습을 볼 수 있었다.

진실로 너희에게 이르노니 무엇이든지 너희가 땅에서 매면 하늘에서도 매일 것이요 무엇이든지 땅에서 풀면 하늘에서도 풀리리라 진실로 다시 너희에게 이르노니 너희 중의 두 사람이 땅에서 합심하여 무엇이든지 구하면 하늘에 계신 내 아버지께서 그들을 위하여 이루게 하시리라(마18:18-19).

자동차, 버스, 기차

자동차는 7-8명까지도 탈 수 있다. 사역이 좀더 확대된 모습이다. 버스는 40-50명도 태울 수 있다. 그리고 기차는 하나가 둘이되고 둘이 넷이되고 넷이 여덟이 되고, 여덟이 열여섯이되고, 열여섯이 서른 둘이되는 계속적인 배가를 가져오는 시스템이다.

그런데 외발 자전거로 시작하여 기차에 이르기까지 모든 것은 기도의 힘, 다시말해 성령의 힘으로 움직이는 것이다. 지금까지 영적인 의미의 복음의 발통, 전도의 발통에 대해서 살펴보았는데 어느 것 하나도 그냥 굴러가는 것은 없다. 오직 하나님의 성령의 능력으로만 가능한 것이다.

예수께서 이르시되 할 수 있거든이 무슨 말이냐 믿는 자에게는 능히 하지 못할 일이 없느니라 하시니(막9:23).

자기 때에 자기의 말씀을 전도로 나타내셨으니 이 전도는 우리 구주 하나님이 명하신 대로 내게 맡기신 것이라(딛1:3).

13장

황금 신발을 신은 자는 누구인가

황금 신발과 하나님의 말씀

하나님의 말씀은 만 왕의 왕이신 예수님의 말씀이 기록된 것이다. 즉 왕의 복음이다. 만약에 짚세기를 신고 말씀을 전하면 그것이 권위가 서겠는가? 그것을 누가 인정하겠는가 개 교회 목사님이나 선교사님들은 짚세기 신을 신고 하나님의 말씀을 전하는 자가 아니라 하나님으로부터 하사받은 '황금 신발'을 신고 하나님의 말씀을 대언하는 자들이다. 즉 그들은 하나님의 사신이다.

하나님은 우리의 신분을 높이시려고 황금 신발을 신겨서 목회를 하게하든지 선교사로 파송하시든지 하는 것이다. 하나님의 말씀은 세상 소설 책이 아니고 영생의 책이고 세상에서 제일 권위있는 왕의 복음인 것이다.

그래서 주의 종으로 부름을 받거나, 선교사로 파송을 받아서 복음을 전하는 자들은 하나님의 말씀을 대언하는 자로서 황금 신발을 신은 사람이라고 보아야 할 것이다.

하나님의 말씀은 살아 있고 활력이 있어 좌우에 날선 어떤 검 보다도 예리하여 혼과 영과 관절과 골수를 찔러 쪼개기까지 하며 또 마음의 생각과 뜻을 판단하나니(히4:12).

황금 신발을 신은 자는
지혜와 총명의 사람이다

이 황금 신발은 요셉과 다니엘이 신고 있었다. 요셉의 지혜와 총명은 애굽사람들이, 그가 죽은지 수백년동안 기억하고 있었다. 가뭄으로 애굽사람들이 죽어갈 때 하나님의 지혜와 총명으로 애굽사람을 구한 귀한 하나님의 사람이었다.

또한 다니엘이 지혜와 총명의 사람이었고 어느 누구도 감히 넘볼 수 없는 지혜의 사람이었다. 그런데 이 지혜와 총명은 요셉이와 마찬가지로 자신의 것이 아닌 하나님의 지혜와 총명이었다. 하나님이 주신 지혜와 총명을 나라와 민족을 위해서 사용한 하나님의 사람들이다.

이들은 영적으로 황금 신발을 신고 있었기에, 감히 도전을 할 수 없는 사람이고 하나님이 지켜주시는 사람들이다. 우리가 만약 황금 신발을 신고 있는 자라면 하늘의 지혜와 총명을 소유한 사람이기 때문에 이 악한 세대에서 지혜롭게 잘 헤쳐나갈 줄 믿는다.

바로가 그의 신하들에게 이르되 이와같이 하나님의 영에 감동된 사람을 우리가 어찌 찾을 수 있으리요 하고 요셉에게 이르되 하나님이 이 모든 것을 네게 보이셨으니 너와 같이 명철하고 지혜 있는 자가 없도다(창41:38-39).

왕이 벨드사살이라 이름하는 이 다니엘은 마음이 민첩하고 지식과 총명이 있어 능히 꿈을 해석하며 은밀한 말을 밝히며 의문을 풀 수 있었나이다 이제 다니엘을 부르소서 그리하시면 그가 그 해석을 알려 드리리이다 하니라(단 5:12).

황금 신발은 거룩한 자에게 주신다

하나님께서는 아무나에게 이 신발을 주시지 않는다. 구별된 자에게만 주신다. 특별히 성결한 자에게 주시는 하나님의 선물이다. 성결과 거룩한 삶이 성도에게 있어서는 중요하다. 베드로 전서 1장 16절에 "내가 거룩하니 너희도 거룩할 지어다 하셨느니라"고 말씀하고 있다.

하나님께서는 성결하고 거룩한 삶을 사는 성도들을 귀히 보시고 사랑하신다. 성도가 제멋대로 살면 하나님의 사랑을 받기 힘들 것이다.

황금 신발을 신은 사람은 혹시 진흙탕에 빠진다 할지라

도 그냥 씻겨나간다. 이 황금 신발은 혼합되지 않는 특색이 있다. 예를 들어 짚세기 신발 같은 것은 혼합이 된다.

이 황금 신발은 오랜세월 지나도 퇴색하지 않고 처음 그대로이다. 즉 성결한 삶을 살아가지 않는다면 이 신발을 신을 자격이 없다.

그러므로 모든 더러운 것과 넘치는 악을 내버리고 너희 영혼을 능히 구원할 바 마음에 심어진 말씀을 온유함으로 받으라(약1:21).

황금 신발을 신은 자는 세상을 이길 수 있다

　황금 신발을 신은 사람은 빙상위의 스케이트도 잘탄다. 영적의미에서 빙상은 세상을 말한다. 주위에 사람들이 다 싸늘해도 그 일에 개의치 않는다. 이 세상이 비록 빙판 위와 같아서 언제고 미끌어져 넘어지고 다칠 수 있지만 이 황금 신발을 신은 사람은 이 빙판 위를 누리면서 세상을 즐길 수가 있다. 즉 초월하는 힘을 가지고 있다. '세상을 이기느냐 지느냐' 는 내가 지금 주님으로부터 황금 신발을 '받았느냐 받지 못했느냐' 에 달려있다. 이것은 세상 누가 만들어주는 것이 아니라 오직 하나님으로부터 만 오는 것이다.

이 황금 신발을 신은 사람은 세상의 빙판 위에서 미끄러지는 것이 아니라, 더 멀리나가고 더 빨리 간다. 장애물로 인하여 실족하는 것이 아니라 그 일로 더 높이 나르고 더 빨리 뛰는 것이다. 즉 이런 시험과 환난을 통해 더 빨리 소원의 항구에 다다르게 된다.

예수께서 하나님의 아들이심을 믿는 자가 아니면 세상을 이기는 자가 누구냐 (요일5:5).

황금 신발을 신은 자는 일당 천이다

내가 필리핀에 와서 열심히 태권도를 가르쳤더니 천명이 등록되었다. 믿음대로 되는 것을 알았다. 물론 이것 또한 나의 믿음이 아닌 '하나님의 믿음'이었음을 고백한다. 28년이 되었을 때 어느 제자가 말하기를 "저는 수련생들이 1200명이 되었습니다." 그리고 "저는 860명입니다." "저는 5백명입니다." 그리고 "저는 400명입니다." "저는 350명" "저는 200명입니다." 이러한 태권도 제자들이 생긴 것이다.

다 계산해 보니 3-4천명이 되었다. 내 손을 거쳐간 태권도 제자들이었다. 이제 얼마 되지 않아 1만명이 넘어 갈 것 같다. 나는 생각을 했다. '하나님이 내게 허락한 황금 신발을 신고 사역에 임하니까 이러한 일당 천의 역사가 일 어나는 구나!' 우리가 부족하고 한계가 있는 것이지 하나 님은 결코 제한이 없으며 모든 것이 가능하신 분이시다.

너희 중 한 사람이 천 명을 쫓으리니 이는 너희의 하나님 여호와 그가 너희에 게 말씀하신 것 같이 너희를 위하여 싸우심이라(수23:10).

황금 신발을 신은 자는 썩은 밀알이다

즉 썩는 밀알이 되기 때문에 30배, 60배, 100배, 1000배의 결실을 거두게 된다. 이것을 우리 눈에 보게된다. 겨자씨 하나가 30년전에 한국 땅에서 필리핀 땅으로 와서 썩어졌더니 이제 많은 열매를 보고 있다. 그리고 겨자씨는 나무가 되어서 수많은 새들이 깃들이는 곳이 되었다.

필리핀의 다윗 태권도 도장을 통하여 밥먹고 살아가는 사람이 40-50명이 된다. 살아있는 씨앗으로는 결실을 얻을 수 없다. 오직 씨앗이 죽어야만 열매를 거두는 것이다. 나는 필리핀 땅에 와서 온전히 썩어 나의 형체는 간 곳이 없고 대신에 많은 열매를 거두게 되었다.

복음의 황금 신발을 신고 가는 사람들은 자신이 완전히 썩어, 하나님의 영광을 높이는 자이다. 결코 자신이 살아서는 하나님의 뜻을 나타낼 수도 없거니와 아무 일도 행할 수 없다. 하늘나라에는 자신이 썩어 문드러지고, 주님의 영광을 드러낸 자들만이 가있는 곳이고, 지옥은 자신은 썩어지지 않고 남들을 죽인자들만 가있는 곳이다.

　　내가 온전히 썩어야 부활의 영광에 참여할 수 있을 것이다.

내가 진실로 진실로 너희에게 이르노니 한 알의 밀이 땅에 떨어져 죽지 아니하면 한 알 그대로 있고 죽으면 많은 열매를 맺느니라(요12:24).

겨자씨 한 알과 같으니 땅에 심길 때에는 땅 위의 모든 씨보다 작은 것이로되 심긴 후에는 자라서 모든 풀보다 커지며 큰 가지를 내나니 공중의 새들이 그 그늘에 깃들일 만큼 되느니라(막4:31-32).

황금 신발을 신은 자는 세계선교의 주역이다

비록 오라는 곳은 없어도 갈 곳이 많은 사람이 바로 선교사이다. 세계를 내 지붕처럼 생각하고 다니는 사람이 선교사이다. 황금 신발을 신은 사람들은 바로 선교사이다. 이들에게 하나님은 황금 신발을 주셨다.

비록 비싼 명품 신발은 신지 못했을지라도 하나님은 복음의 신발, 전 세계를 다녀도 피곤함이 없는 신발을 주신 것이다. 사도행전 1장 8절의 "오직 성령이 너희에게 임하시면 너희가 권능을 받고 예루살렘과 온 유대와 사마리아와 땅끝까지 내 증인이 되리라"고 하신 말씀처럼 세상의 모든 것 버리고 자기의 모든 소유를 드리고 주님을 따르는 자이다.

  선교사는 자기의 신발이 다 닳도록 주님의 복음을 전하
는데에 목숨을 다바쳐야 한다. 그러지 않으면 게으른 종으
로 책망을 받을 것이다. 주님 앞에 설 자격도 없으며 슬피
울며 통곡하는 일이 벌어질 것이다. 사도바울의 고백처럼
'날마다 자기를 복종시키며 죽는 생활'을 통해 복음에 최
선을 다할 때 사도바울이 받을 면류관을 우리도 받게 될
것이다.

  선교사들은 세상에서의 복을 추구하는 자가 아닌 하늘
의 복을 생각하는 자가 되어야 한다. 우리의 '선교의 발'
이 주님으로부터 상을 받기를 바란다.

폭풍우를 통해서 황금 신발은 만들어진다

예전에 몽고에 간 일이 있었다. '게르'에 여장을 풀고 200-300미터 나온 것 같았는데 갑자기 회오리바람이 불었다. 그런데 숙소 쪽에 바람이 몰아치는데 도저히 갈 수가 없었다. 그래서 아파트 골목사이로 몸을 피신했는데 그곳에서 사람을 만났고 복음을 증거했다. 오히려 그 풍풍우는 전도의 기회가 되었다.

이렇게 폭풍우와 전도는 연관성이 있는 것이다. 사도바울이 탔던 배가 폭풍우를 만났지만 그 배를 통하여 사람들이 복음을 받아드릴 기회가 되었고 멜리데섬에서는 신유의 기적이 나타나기도 했다. 하나님께서 폭풍우를 주실 때에는 이유가 있는 것이다.

　요나 또한 배 밑창에서 도피하고 있을 때 회개하고 다시금 복음전선에 뛰어들었다. 즉 이런 폭풍우를 통해서 신발이 만들어지는 것이다. 이것은 물론 영적 신발을 의미하는 것이다.

내가 환난 중에서 여호와께 아뢰며 나의 하나님께 아뢰었더니 그가 그의 성전에서 내 소리를 들으심이여 나의 부르짖음이 그의 귀에 들렸도다(삼하22:7).

내가 진실로 진실로 너희에게 이르노니 한 알의 밀이 땅에 떨어져 죽지 아니하면 한 알 그대로 있고 죽으면 많은 열매를 맺느니라(요12:24).

14장

황금 신발을 신은 자의 화력 비교

황금 신발을 신은 불도자 사역자

불도자는 첫 째가 밀어 부치는 것이다. 즉 우리가 곡식을 심으려면 땅이 평평해야 한다. 울퉁불퉁한 곳을 불도저로 밀고 땅이 평평해야만 곡식을 심을 수가 있다. 그리고 또 갈아 엎어야 한다. 마찬가지로 불신자에게 복음을 전해야 하는데 특히 부자들은 심령이 강팍하다. 즉 철판이 깔려있다고 보면 된다. 부자는 자기가 최고이고 잘난 사람이다.

이런 사람들에게 복음을 전하려면 힘들다. 그 심령의 밭을 갈지 않으면 복음이 전파되지 아니한다. 그래서 때로는 그들의 강팍한 심령을 갈기위해 각종사고가 일어날 수 있다. 이유는 마음을 가난하게 만들기 위해서이다.

그리고 황금 신발을 신은 태권도 사범이 태권도를 가르치면서 겨루기나 시범과 격파를 통해서 수련생들의 간담을 서늘하게 만들면, 수련생들은 생각하기를

'저 발에 한 번 맞으면 죽겠다. 저 주먹에 한 번 맞으면 죽겠다.'

그럴 때에 사범이 입을 열어 복음을 전하면 "아멘! 아멘!"하며 복음을 잘 받아 드리게 된다

황금 신발을 신은 탱크 사역자

이 사역자는 불도자 사역자보다 한 가지를 더한다. 전도만 하는 것이 아니고, 전도한 사람을 붙잡고 그리스도의 장성한 분량에 이르기까지 양육을 시킨다. 좀더 성숙한 사역자라고 할 수 있다. 이 분야는 특별히 제자 훈련 사역을 한 사람만이 가능하다.

자신이 제자훈련 사역과 양육훈련을 받지 못했는데 남을 가르칠 수는 없다. 다행히도 필자는 멘토이신 변 목사님으로부터 제자훈련과 양육훈련을 받았었기에 가능했다. 이런 사역자를 가르켜 황금 신발을 신은 탱크사역자라 할 수 있다.

황금 신발을 신은 핵폭탄 사역자

먼저 우리가 살펴볼 것은 기관총 같은 사역자가 있다. 기관총은 적어도 성경 250개 정도의 구절을 암송해서 태권도를 가르치며 적용하는 사람이라 할 수 있다. 60미리 박격포와 같은 사역자는 이것은 적어도 소대 화력단위인데 이것은 중대병력 100여명이 기도하는 것과 같은 역량이고, 81미리 박격포는 대대를 지원하는 것이기에 450여명이 기도하는 것과 같은 역할을 하고 있고, 105미리 박격포는 연대를 지원하는 것이기에 2천명의 지역교회가 합심하여 기도하는 것과 같다. 그리고 155미리는 적어도 1만 2천명 정도가 된다. 이것은 큰 대형교회가 기도 제목 하나 놓고 합심 기도하는 것과 같다.

필자는 각종 황금신발을 신은 사역자들에 대해서 깊이 진입을 하지 못하고, 여기서는 의미 전달만 했다.

그리고 다음은 황금 신발을 신은 원자폭탄과 같은 사역자가 있다. 원폭은 무엇인가 그것은 핵분열이다. '핵분열이 무엇이냐?' 그것은 배가되는 것이다.

이것은 하나가 둘, 둘이 넷, 넷이 여덟, 여덟이 열 여섯, 등 이렇게해서 34년을 복음을 증거하면 80억이 그리스도께 돌아오게된다. 그래서 황금 신발을 신은 사역자는 핵폭탄과 흡사한 것이다. 또한 황금 신발을 신은 사람은 수소폭탄과 같은 것이다.

전 세계에 나가있는 태권도 사역자들을 다시불러, 재훈련을 시켜 파송하는 것이다.

15장

황금 신발과 구제와 선교

삭개오의 구제와 구원

당시 삭개오는 세리장으로써 돈을 부정으로 착취했던 인물이다. 그런데 이런 사람에게도 주님의 부르심이 있었다. 예수님이 여리고로 지나가실 때, 삭개오는 예수님을 한번 보기를 원했다. 그러나 키가 작았던 삭개오는 정상적으로는 많은 인파로 인해 불가능했다.

그래서 생각한 것이 돌무화과 나무였다. 여기에 올라가면 높은데서 예수님의 얼굴을 제대로 볼 수 있을 것이라 생각했다. 누가복음 19장 5절에 "예수께서 그 곳에 이르사 쳐다보시고 이르되 삭개오야 속히 내려오라 내가 오늘 네 집에 유하여야 하겠다 하시니"라고 말씀하고 있다.

만왕의 왕이신 예수님이 삭개오의 이름을 기억하셨다. 삭개오는 애들처럼 뛸 것처럼 기뻤다. 지금까지 세금걷는 문제로 대중들의 미움을 샀는데 예수님이 자기를 알아보았을 뿐 아니라 하룻밤을 제자들과 함께 머물고 간다는 사실 앞에 너무나 기쁘고 흥분이 되었다.

오늘을 사는 우리에게, 그중에 한 사람의 가정에 하루를 주님이 머무신다고 하면, 아마 전 재산을 다바쳐 주님을 모실 것이다. 왜냐하면 우리에게는 주님이 목표이고 희망이고 우리의 삶 전체이기 때문이다. 그리고 웬만해서는 주님이 아무의 집에서 머물지 않는데 유독 삭개오에게 그렇게 말씀하신 것이다.

그리고 삭개오는 주님을 만남으로써 자기 인생의 모든 문제가 해결되었다. 그런데 그의 문제가 해결되는 비법이 삭개오에게 있었다.

삭개오가 말했다.

"주여 보시옵소서 내 소유의 절반을 가난한 자들에게 주겠사오며 만일 누구의 것을 속여 빼앗은 일이 있으면 네 갑절이나 갚겠나이다.”

예수님이 말씀했다.

“오늘 구원이 이 집에 이르렀으니 이 사람도 아브라함의 자손임이로다. 인자가 온 것은 잃어버린 자를 찾아 구원하려 함이니라.”

예수님을 만나면 이렇게 사람이 변하고, 결단의 사람이 된다. 예수님의 제자가 되겠다고 찾아왔던 부자 청년은 많은 재산 때문에 결국 예수님을 포기하고 고향으로 돌아갔다. 그 부자 청년에게는 예수님이 콕 찝어 말씀하셨다. 그런데 삭개오에게는 “재산을 가난한 자에게 나누어주라!”는 아무 말씀도 하지 않았다.

그런데 삭개오는 알았던 것이다. 참 예수님의 제자가 되는 방법을 말이다. 그 당시에도 이스라엘에는 가난하고 헐벗은 자들이 많이 있었고, 예수님을 따르는 군중들도 가난하기는 마찬가지였다. 그래서 자기의 것 절반을 내놓겠다는 것이다.

이것이 바로 예수님을 따르는 부자의 삶이라 생각할 수 있다. 진정 주님을 따르는 자는 자기의 소유를 가난한 자들과 하늘나라 선교를 위하여 아낌없이 다 내놓아야 한다. 이것은 부자들에게만 해당되는 것이 아니고, 가난해서 오늘 저녁 먹을 것이 없는 자도 해당이 된다. 예수님 당시에 가난한 과부가 하루벌어 먹고 살았는데 당시 그녀가 가진 모든것을 헌금통에 모두 드렸다.

이르시되 내가 참으로 너희에게 말하노니 이 가난한 과부가 다른 모든 사람보다 많이 넣었도다(눅21:3).

부자만 하나님께 드리는 것이 아니다. 오병이어의 사건 속에서도 소년이 드린 보리떡 다섯 개와 물고기 두마리는 5천명이 먹고도 12광주리가 남았다. 만약 소년이 움켜지고 내놓치 않았다면 기적은 결코 일어나지 않았을 것이다. 가난했던 소년의 떡과 물고기로 많은 사람들이 배불리 먹고도 남음이 있었던 것이다.

예수님 당시로 부터 시작되어 기독교는 하나님 앞에 내놓는 재물로 인하여 하늘나라의 사역이 시작되었던 것이다. 삭개오의 물질의 대한 회개는 오늘 우리에게도 절실히 필요한 것이다. 재물은 분명히 이세상 불탈 때 함께 탈 것이다. 또 이세상의 모든 아름다운 것도, 또 금은보화도 나중에는 잿더미가 될 것이다. 우리는 이 재물을 어떻게 해야 할까?

우리의 재산은 하나님의 것이기 때문에 자녀들에게 유산을 남기지 말아야 하며, 또한 정신이 온전할 때에 유산을 바쳐야 한다. 나중에는 정신이 혼미해져서 약속을 지키지 못하기 때문이다. 하늘의 보화를 쌓으려면, 하나님의 나라을 위하여 가난한 자를 위하여, 해외선교를 위하여 드려져야 한다.

삭개오의 마음이 참으로 아름답고, 그 행동이 가고오는 세월에 칭찬을 받을만 하다. 이 말씀을 기록한 것은 이와 같은 사람이 되기를 바라는 뜻이 아니겠는가? 삭개오를 보며 부러워하면 안된다. 내가 지금, 바로 행동에 옮기면 된다. 이러한 삭개오들에게 주님은 황금 신발을 신겨주실 것이다.

또 자기 십자가를 지고 나를 따르지 않는 자도 내게 합당하지 아니하니라 자기 목숨을 얻는 자는 잃을 것이요 나를 위하여 자기 목숨을 잃는 자는 얻으리라(마10:38-39).

루디아의 선교후원을 생각함

그녀는 바울 당시에 값비싼 자주색 옷감을 파는 여자 상인이었다. 사도행전 16장 14절에서 15절에 "두아디라 시에 있는 자색 옷감 장사로서 하나님을 섬기는 루디아라 하는 한 여자가 말을 듣고 있을 때 주께서 그 마음을 열어 바울의 말을 따르게 하신지라 그와 그 집이 다 세례를 받고 우리에게 청하여 이르되 만일 나를 주 믿는 자로 알거든 내 집에 들어와 유하라 하고 강권하여 머물게 하니라" 고 말씀하고 있다.

바울이 설교를 잘해서 루디아가 감화를 받은 것이 아니라 주님께서 루디아의 마음을 열었다고 말씀하고 있다. 많은 설교자들이 착각하는 것은 자기가 말씀을 잘 전해서 성도들이 은혜를 받고 행동으로 옮기는줄 알고 있다. 그러나 실상은 그것이 아니다. 오늘의 말씀처럼 하나님이 사람의 마음을 열게하시고 은혜받게 하셔야 가능한 것이다. 아무리 많은 시간을 사용해서 복음을 증거한다 할지라도 주님이 사람들의 마음을 열게하시지 않으면 아무 소용없음을 알아야 한다.

루디아의 가정은 바울의 말씀을 통하여 은혜를 받고 세례를 받으며 그 집에 유하기도 하면서 바울의 선교에 필요한 것을 공급하였다. 선교사에게 하나님의 공급함이 없다면 '선교하지 말라' 는 뜻이 아니겠는가? 분명히 선교사에게는 루디아처럼 돕는 손길이 있을 것이다.

루디아가 바울을 통하여 하나님을 만난 후에는 자주옷감 장사해서 번돈을 아끼지 아니하고 바울의 선교사역을 위하여 드려졌다. 얼마나 충성과 진심으로 선교사역을 도왔으면 성경에 기록이 되었겠는가? 누가 선교사들을 도울 것인가? 그것은 먼저 후원자들의 마음을 하나님이 여셔야만 가능한 것이다.

선교사는 사람을 바라보지 않고, 선교사역을 돕는 후원자들의 마음을, 루디아 처럼 열어 달라고 눈물로 기도하는 수밖에 없다. 우리의 공급은 세상에서 오는 것이 아니요 하늘로부터 내리는 것이기 때문이다. 필자는 마지막 남은 생애를 '태권도 선교사관학교' 를 지어서 그들로 전 세계에 복음을 증거하려고 한다. 그러나 이것은 나의 계획이 아니고 주님의 계획이다.

나는 전 세계의 수 많은 '루디아' 를 향하여, '마음의 문' 을 열어서 '태권도 선교 사관학교' 짓는데 도움을 달라고 하나님께 낮이나 밤이나 기도하고 있다. 나는 할 수 없지만 하나님은 가능하시고, 능히 뜻을 이루실줄 믿는다.

예수께서 이르시되 할 수 있거든이 무슨 말이냐 믿는 자에게는 능히 하지 못할 일이 없느니라 하시니(막9:23).

루디아와 같은 후원자들은 세상에 살지만 하나님 나라에 사는 사람들이며 그들은 주님이 신겨주시는 황금 신발을 신고 다닐 것이다.

이상덕의 선교의 삶

　나는 예수님을 만난 후, 세상에서의 부귀와 영화를 버리고 군인으로서 출세하려는 것도 버리고 하나님의 계명을 따라 필리핀에서 태권도 사역을 감당했다. 나는 누구처럼 얼마를 하나님 앞에 드리고 하는 정도가 아니라 모든 것을 그분께 드렸다.

　사랑하는 아내도 선교사역 중 하나님의 부르심을 받았다. 나는 다른 것을 바라보고 살아온 세월이 아니라 주님 한분만을 목표로 하고 바울처럼 앞을 향해 달려가고 있다. 앞으로 남은 세월도 주님을 위하여 선교를 위하여 한 웅큼의 재도 남기지 않기를 원한다.

나의 달려갈 길이 언제 끝마칠 줄 모르나 하나님이 부르시는 그 날까지 달려갈 뿐이다.

내가 달려갈 길과 주 예수께 받은 사명 곧 하나님의 은혜의 복음을 증언하는 일을 마치려 함에는 나의 생명조차 조금도 귀한 것으로 여기지 아니하노라(행 20:24).

하나님의 계명에 따라 선교지에와서 '성령의 발차기'에 몰입하고 있을 때, 환상 중에 나를 보니 내가 주님으로부터 하사된 '황금 신발'을 보게되었다. 이것은 나 뿐 아니라 일평생 선교 후원자로 또는 선교사로 헌신한 자에게 주시는 하나님의 선물임을 깨닫게 되었다.

이르시되 내가 참으로 너희에게 말하노니 이 가난한 과부가 다른 모든 사람보다 많이 넣었도다(눅21:3).

마치는 말

필자는 많은 시간을 달려와 이제는 책의 끝에 다다르게 되었다. 하나님의 부르심을 받아 달려온 세월이 눈 깜짝할 새에 지나고 말았다. 그래도 내가 인생에 있어서 행복한 것은 3사관학교에 입학하여 1학년 때 그리스도를 나의 구주로 영접한 사건이다.

그때 나는 분명한 하나님의 부르심을 느끼고 알았다. 그 때부터 나의 삶은 없었고 주님의 뜻을 이뤄드리는데 온 생애를 드렸다. 사관학교를 졸업하고 대위로 예편한 후 부산에서의 태권도 도장을 시작하여 복음과 함께 일했는데, 하나님께서는 내가 전적으로 태권도 전문 사역자로 일하시기를 원해서 그 말씀에 순종하여 필리핀 땅에 왔고 벌써 30년의 세월이 흘렀다.

이 세월은 나를 위한 삶은 없었고, 오직 주님께 드린 시간만 있을 뿐이다. 이제 필자는 이 땅에서 마지막으로 해야 할 일이 '태권도 선교사관학교'를 설립 제자들 양육하는 것이, 세상에서의 필자의 마지막 소원이다. 내가 주님께 드릴 수 있는 것이 바로 태권도이다.

황금의 복음의 신을 신고, 지치지 않고, 열심히 사역 하기를 원한다.